DER KÖLNER DOM

3D

3D

Warum sollte der Dom abgerissen werden? Heute ist es kaum vorstellbar, dass es vor zwei Jahrhunderten sogar Stimmen gab, die den Abriss des Domes forderten. Ohne die Durchführung der dringendsten Reparaturarbeiten drohte der Dom in napoleonischer Zeit zur Ruine zu verkommen.

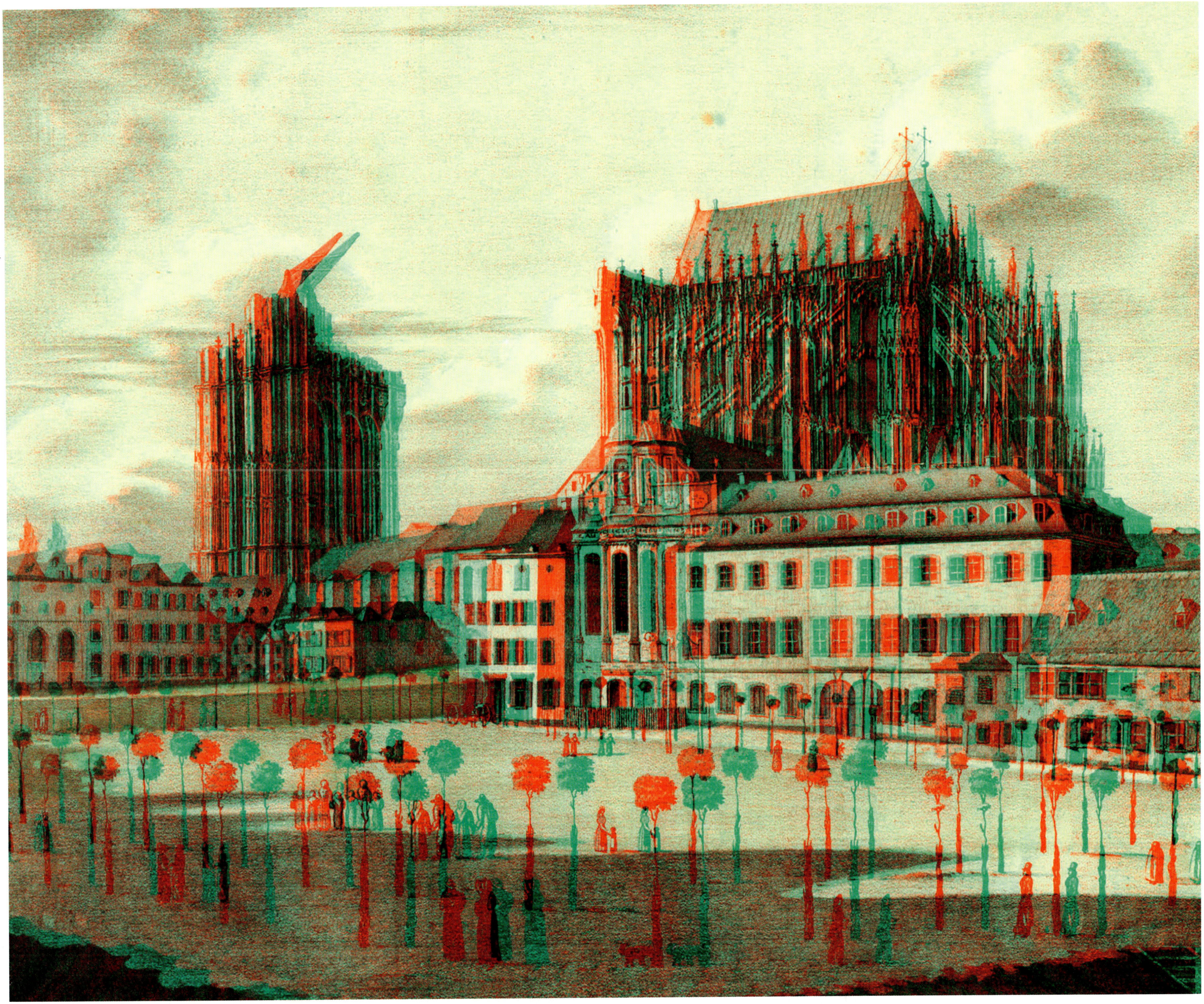

DREIKÖNIGEN-SCHREIN

Wenn man vor dem Kölner Dom steht, diesem Gebirge aus Stein, dann drängt sich wohl jedem sensiblen Menschen zwangsläufig die Frage auf, was Menschen dazu bringt, ein solches monumentales Bauwerk zu schaffen. »Der Glaube versetzt Berge«, heißt es. Angesichts des Kölner Domes gewinnt diese Redensart eine tiefe Bedeutung. Denn genau wie die Pyramiden der Ägypter oder Azteken, die Tempel der Griechen und Römer, sind die Kathedralen den Menschen, die sie erbauten, mehr als nur »geweihte Begegnungsstätten«, in denen sie ihre Gottesdienste zelebrieren.

3D

Vierhundert Jahre lang ruhen die Bauarbeiten am Dom. Doch selbst unvollendet ragt er wie ein Riese aus Stein aus dem Häusermeer der Rheinmetropole.

Provokant formuliert sind sie »spirituelle Maschinen« und die Motivation sie zu »konstruieren« ist wohl seit Anbeginn stets die gleiche: die Angst vor dem Tod – oder besser: die Hoffnung auf ein ewiges Leben. Doch ist es nicht die Konstruktion als solche, die die »Maschine zum Laufen« bringt? So befindet sich das Allerwichtigste im Kölner Dom im Allerheiligsten, im Chor, dort wo der Altar steht, die Geistlichen die Messe zelebrieren, dort wo das erste Strahlen der Sonne am Morgen durch die haushohen Fenster scheint. Wer mit offenen Augen durch den Dom geht, muss kein Historiker oder Theologe sein, um sofort zu begreifen, um welches »allerwichtigste« Objekt es sich wohl handeln könnte. Geschützt hinter zentimeterdickem Panzerglas wie eine goldene Schatztruhe oder eine kunstvolle Kirche

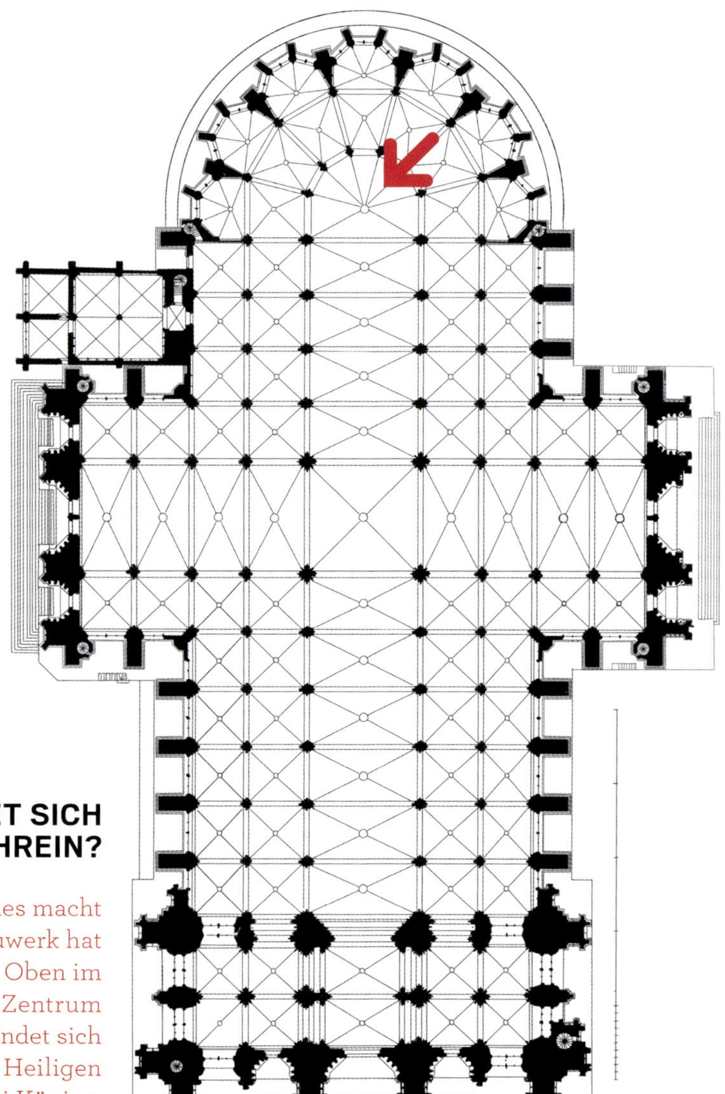

WO IM DOM BEFINDET SICH DER DREIKÖNIGESCHREIN?

Der Bauplan des Domes macht es ganz deutlich. Das Bauwerk hat die Form eines Kreuzes. Oben im Halbrund des Chores, im Zentrum des Allerheiligsten, befindet sich der Goldene Schrein der Heiligen Drei Könige.

WER WAREN DIE HEILIGEN DREI KÖNIGE?

Caspar, Melchior und Balthasar, die drei Weisen aus dem Morgenland, drei Astronomen, die einem Stern folgten und das Jesuskind in seiner Grippe fanden. So erzählt es die Weihnachtsgeschichte, eine der bekanntesten Bibelstellen aus dem Neuen Testament.

en miniature, so begegnet uns ein Kunstwerk aus dem Mittelalter, dessen Existenz unlösbar mit dem Dom verbunden ist: der Dreikönigenschrein.

So unendlich kostbar dem Betrachter sein Äußeres erscheinen mag, sein wahrer Schatz verbirgt sich in seinem Inneren. Es sollen die Gebeine der Heiligen Drei Könige sein, die seit dem 12. Jahrhundert in ihm geborgen sind. Die sterblichen Überreste jener drei Männer, die – wie es im Matthäusevangelium heißt – einem Stern folgten und das Jesuskind fanden. Ihm als königliche Gaben Gold, Weihrauch und Myrrhe in den Stall nach Bethlehem brachten. Caspar, Melchior und Balthasar, die Weisen aus dem Morgenland, fanden vor mehr als 750 Jahren ihre letzte Ruhestätte ausgerechnet in Köln am Rhein. Es sind Bücher darüber geschrieben worden, ob es sich bei den Gebeinen im Schrein nun tatsächlich um die sterblichen Überreste der biblischen Sterndeuter handelt. Diese Frage wird wohl immer unbeantwortet bleiben. Viel wichtiger jedoch als die historische Wahrheit hinter der religiösen Legende ist die Tatsache, dass Hunderttausende, wenn nicht Millionen Menschen durch die Jahrhunderte felsenfest davon überzeugt waren, dass sich im Dreikönigenschrein tatsächlich die berühmten biblischen Könige befinden.

Am 23. Juli 1164 brachte der Kölner Erzbischof Rainald von Dassel die Gebeine als Kriegsbeute nach Köln und danach war in Köln nichts mehr so, wie es zuvor gewesen war. Auf den Straßen die frenetische Begeisterung der Menschen, die die Ankunft der Heiligen feierten, bis hin zur religiösen Hysterie. Es ist heute nur schwer vorstellbar, welche Bedeutung, welchen Wert die Gebeine von Heiligen im Mittelalter hatten.

Sie galten als unendlich wertvoll; viel, viel kostbarer als Gold. Im 12. Jahrhundert, dem Zeitalter der Gotik, hat die Reliquienverehrung ihren Höhepunkt erreicht. Zigtausende von Menschen pilgern zu den heiligen Stätten der Christenheit, marschieren Wochen, Monate, werden auf ihrer Pilgerreise überfallen, getötet oder sterben an Erschöpfung und Entbehrung; sie lassen Heim und Familie zurück, brechen mit ihrem bisherigen Leben. Warum das alles? So traurig es heute auch klingen mag: Die Hauptmotivation dieser Pilger- und Heiligenhysterie ist die nackte Angst. Die tausendfach gepredigte Angst vor den unend-

DIE GLASKUNST DER GOTIK

Erst im Mittelalter wurde es möglich, einzelne farbige Glasscheiben mit Bleistegen so zu verbinden, dass gewaltige Fenster entstanden. Das Anbetungsfenster ist eines der ältesten Fenster im ganzen Dom. Es wurde zwischen 1330 und 1340 vollendet.

WIE LANGE DAUERTE DIE FERTIGSTELLUNG DES SCHREINS DER DREI KÖNIGE?

Der Dreikönigenschrein ist fast so etwas wie eine Kirche en miniature und auch seine »Bauzeit« steht derjenigen einer großen Kirche kaum nach: immerhin 40 Jahre. Der Schrein ist die wertvollste Silberschmiedearbeit des Mittelalters.

Jahrtausend-Attraktion: Der Dreikönigenschrein im Chorraum hat im Laufe der Jahrhunderte Millionen Menschen nach Köln gelockt. Er gehört zu den größten religiösen Attraktionen des Mittelalters.

RAINALD VON DASSEL

Die Untersuchungen seines Skeletts lassen keinen Zweifel zu. Der Erzbischof von Köln muss über zwei Meter groß gewesen sein. Ein Riese von einem Mann, der seine Mitmenschen um Haupteslänge überragte. Er war eher ein Krieger als ein Kirchenmann. Als Reichskanzler war er neben dem Kaiser selbst einer der mächtigsten Männer des Reiches.

lichen Qualen der Hölle, den Strafen für die Sünden. Auf diese Angst gründet sich eine ganze mittelalterliche Industrie: das Pilgerwesen und das Unwesen der Ablässe, der Erlass der Sünden gegen bare Münze. In diesem Glaubenssystem helfen Reliquien die Höllenstrafen zu verringern. Der Theologe Arnold Angenendt erklärt die Reliquienverehrung mit einem einfachen Bild: »Über den Gräbern von Heiligen ist der Himmel offen…«. Wer in unmittelbarer Nähe einer Reliquie, eines Heiligengrabes betet, es gar berührt, berührt gewissermaßen auch den Heiligen im Himmel. Und der befindet sich in unmittelbarer Nähe Gottes.

Dabei gibt es in der mittelalterlichen Vorstellung selbst im Himmel eine Rangordnung. Je bedeutender die Heiligen, desto näher sind sie Gott. In diesem Ranking nehmen die Heiligen Drei Könige eine absolute Sonderstellung ein. Sie haben – glaubt man der Bibel – das Jesuskind tatsächlich gesehen, sogar berührt, und dazu sind sie auch noch Könige. Es ist sicherlich nicht übertrieben, die Gebeine der Heiligen Drei Könige als eine der bedeutendsten Reliquien des Mittelalters zu bezeichnen. Nach ihrer feierlichen Einbringung gehört Köln nach Jerusalem und Rom zu den »heiligen Städten«, trägt Köln in seinem Stadtwappen drei Kronen. Köln wird zu einer der wichtigsten Pilgerstätten des Mittelalters, alle wollen die Gebeine der Heiligen Drei Könige sehen, sie berühren. Doch nicht nur das einfache Volk zieht es nach Köln, auch den Hochadel und die Fürsten. Man glaubt, dass eine Krönung im Angesicht der biblischen Könige göttliche Gnade garantiere. Köln wird zu einer Krönungsstadt.

Der Dreikönigenschrein ist ein Grabmal und als solches mindestens ebenso bedeutend wie der Dom selbst. Man kann mit Fug und Recht behaupten, dass es den Dom ohne die Gebeine gar nicht gäbe, ganz sicherlich nicht in diesen Dimensionen. Ihrer Bedeutung entsprechend ist der Schrein ein Kunstwerk, einzigartig unter den Gold- und Silberschmiedearbeiten des Mittelalters. Der Dreikönigenschrein entstand am Ende des 12. Jahrhunderts, wenige Jahrzehnte nach der Einbringung

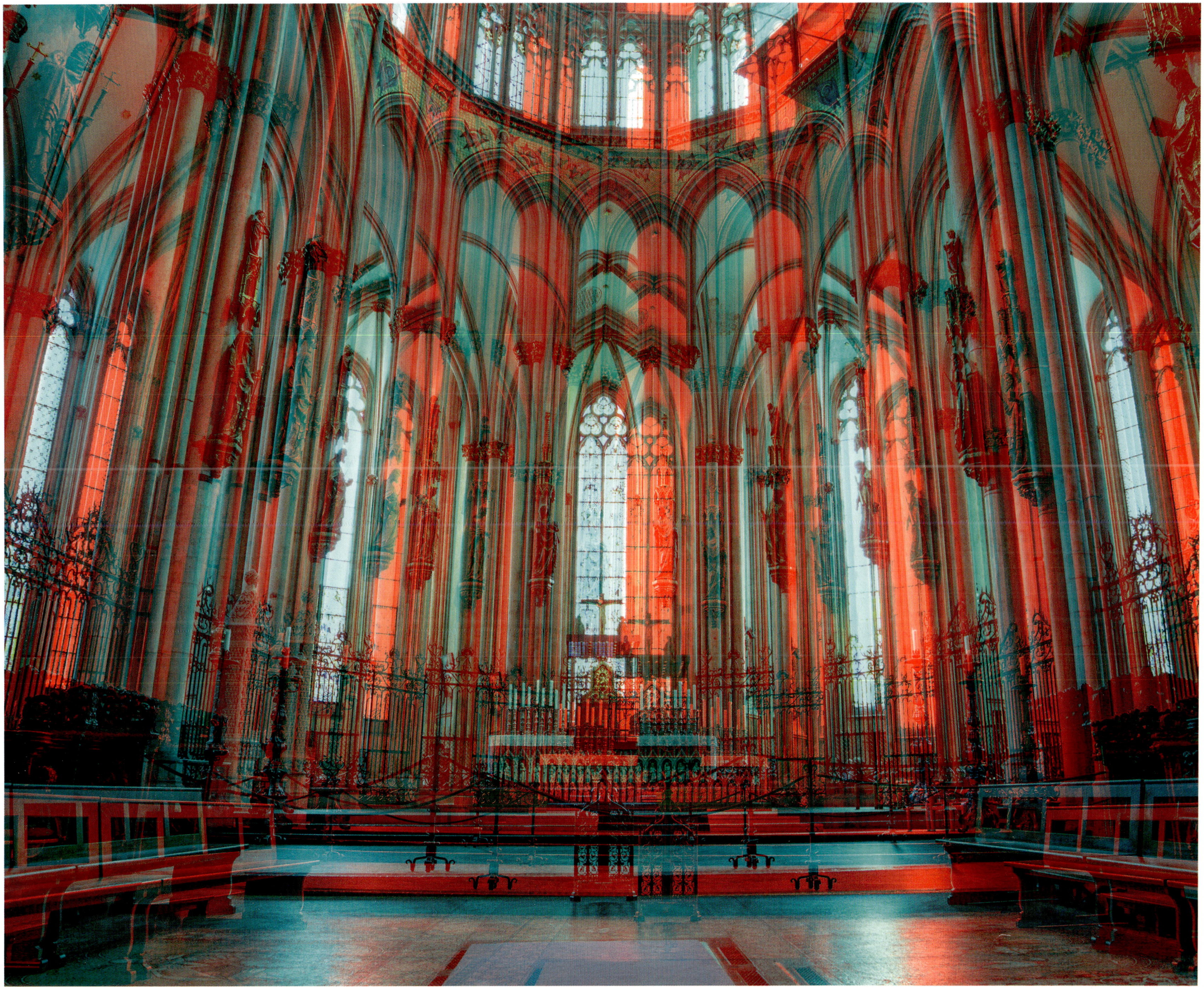

WIE MALTE SICH DER MITTELALTERLICHE MENSCH DIE STRAFEN DER HÖLLE AUS?

Für die Menschen im Mittelalter ist die Hölle ein Ort ewiger Folterstrafen und Folterqualen ohne Erlösung. Für den mittelalterlichen Menschen ist die Angst vor der Hölle etwas ganz Konkretes.

WANDERN FÜR DAS SEELENHEIL

Im Mittelalter sind Hunderttausende von Männern und Frauen als Pilger unterwegs. Sie wandern zu den bedeutenden religiösen Stätten ihrer Zeit. Die Menschen damals glaubten, dass Pilgern die Anzahl der Höllenstrafen verringere.

der Gebeine durch Erzbischof von Dassel. Der Kölner Erzbischof Philipp von Heinsberg hat ihn in Auftrag gegeben und damit einen festen Platz in der Geschichte seiner Stadt. Einer der wohl berühmtesten Künstler seiner Epoche, Nikolaus von Verdun, wurde mit diesem Titanenwerk betraut. Er soll vierzig Jahre an seiner Vollendung gearbeitet haben, im 12. Jahrhundert fast ein Menschenleben – eine Zeitspanne, die uns heute unvorstellbar erscheint, während der man im Mittelalter jedoch ganze Kirchen gebaut hat. Somit ist seine Ähnlichkeit mit einer dreischiffigen Basilika durchaus kein Zufall, ein goldener Dom für die Heiligen Drei. Nur das Beste war für Verdun und sein Werk gut genug. Die 74 Figuren, die den Schrein schmücken, sind aus vergoldetem Silber, umrahmt werden sie von rund 1.000 Edelsteinen und Perlen, eine Symphonie aus Licht und Farben, dazu 300 Gemmen und Kameen. Durchaus nicht alle aus dem Mittelalter. Alles, was schön und kostbar war, wurde für den Schrein verarbeitet. Ein Kuriosum ist eine Bildgemme aus der Antike, die Kaiser Nero mit seiner Mutter Agrippina darstellt. Agrippina wurde in Köln geboren, ihr Vater ist der berühmte Feldherr Germanicus und ihr Bruder der umstrittene Tyrannenkaiser Caligula.

WAS BEDEUTEN DIE DREI KRONEN IM WAPPEN DER STADT KÖLN?

Die drei Kronen im Stadtwappen verdankt die Stadt am Rhein den Reliquien der Heiligen Drei Könige. Sie machen Köln zur Heiligen Stadt – ein Titel, den sich Köln nur mit Jerusalem und Rom teilen muss.

WAS HABEN DIE HEILIGE URSULA UND DIE HEILIGEN DREI KÖNIGE GEMEINSAM?

Wie Caspar, Melchior und Balthasar ist auch die Heilige Ursula von königlichem Blut. So behaupten jedenfalls die Legenden. Mit den Heiligen Drei Königen gehört sie zu den bekanntesten Heiligen der Domstadt.

3D

Geschützt hinter Panzerglas. Der Dreikönigenschrein ist die größte Goldschmiedearbeit des Mittelalters und sicherlich die wertvollste. Er ist aus vergoldetem Silber gefertigt, geschmückt mit über 1.000 Edelsteinen und Gemmen.

Unter ihrem Sohn Nero findet die Hinrichtung des Apostels Petrus statt. Spätantike christliche Historiker stilisieren ihn deswegen zum leibhaftigen Antichristen. Dass sich sein Konterfei ausgerechnet im Allerheiligsten der Hohen Domkirche St. Petrus – so die offizielle Bezeichnung des Kölner Domes – findet, ist wohl so etwas wie ein Treppenwitz der Geschichte. Die kunsthistorische Bedeutung des Schreines resultiert jedoch nicht allein aus der Wahl der Materialien.

Verduns Figuren sind die ersten Figuren in Silberschmiedearbeit, die einen menschlichen Ausdruck zeigen, die nicht starr sind, die auch heute noch auf den Betrachter lebendig wirken.

Unter den 20.000 Menschen, die täglich den Dom besuchen, sind nur noch wenige Pilger, nur die Allerwenigsten kennen die tiefere Bedeutung des Schreins. Doch wer die Gesichter derjenigen studiert, die ihn zum ersten Mal sehen, findet darin auch heute noch Staunen und Faszination angesichts eines der bedeutendsten Kunstwerke unserer Kultur.

WAS IST AM GOLDENEN SCHREIN KÜNSTLERISCH SO REVOLUTIONÄR?

Die Gesichter der Figuren, die den Schrein schmücken, sind lebendig, wirken lebensnah – ein Riesenschritt in der Kunst gegenüber den groben und abstrakten Darstellungen der Jahrhunderte zuvor.

VOM SCHANKMÄDCHEN ZUR KAISERIN

Helena ist die Mutter Kaiser Konstantins – das ist historisch unbestritten. Doch über kaum eine andere Frau der Spätantike existieren so viele Legenden wie über Helena. Dass sie auf ihrem Weg ins Heilige Land nicht nur das Kreuz Christi, sondern auch die Gebeine der Heiligen Drei Könige entdeckt haben soll, ist sicherlich eine der spektakulärsten.

DAS WAREN VIELE SPANNENDE INFOS ZUR BAUGESCHICHTE: HIER EIN KLEINES ERINNERUNGS-QUIZ ZUM SCHLUSS. DIE LÖSUNG GIBT'S UNTEN AUF DER SEITE. VIEL SPASS DAMIT!

1. Wann kamen die Gebeine der Heiligen Drei Könige nach Köln?
   1120 / 1164 / 1250
2. Wie lange wurde am Dreikönigenschrein gearbeitet?
   20 / 25 / 40 Jahre
3. Köln ist eine »heilige" Stadt. Welche weitere Stadt ist heilig?
   Worms / Jerusalem / Betlehem
4. Wie viele Figuren schmücken den Schrein?
   52 / 74 / 78
5. Welcher Apostel wurde unter Kaiser Nero hingerichtet?
   Petrus / Thaddäus / Judas

3D

Symbol für eine ewige Baustelle: In dem Jahr, in dem der Dom fertig gestellt wird, geht die Welt unter – eine stehende Redensart in Köln. Das bekannteste Symbol für die ewige Baustelle ist der Holzkran aus dem Mittelalter, der jahrhundertelang den unvollendeten Dom schmückt.

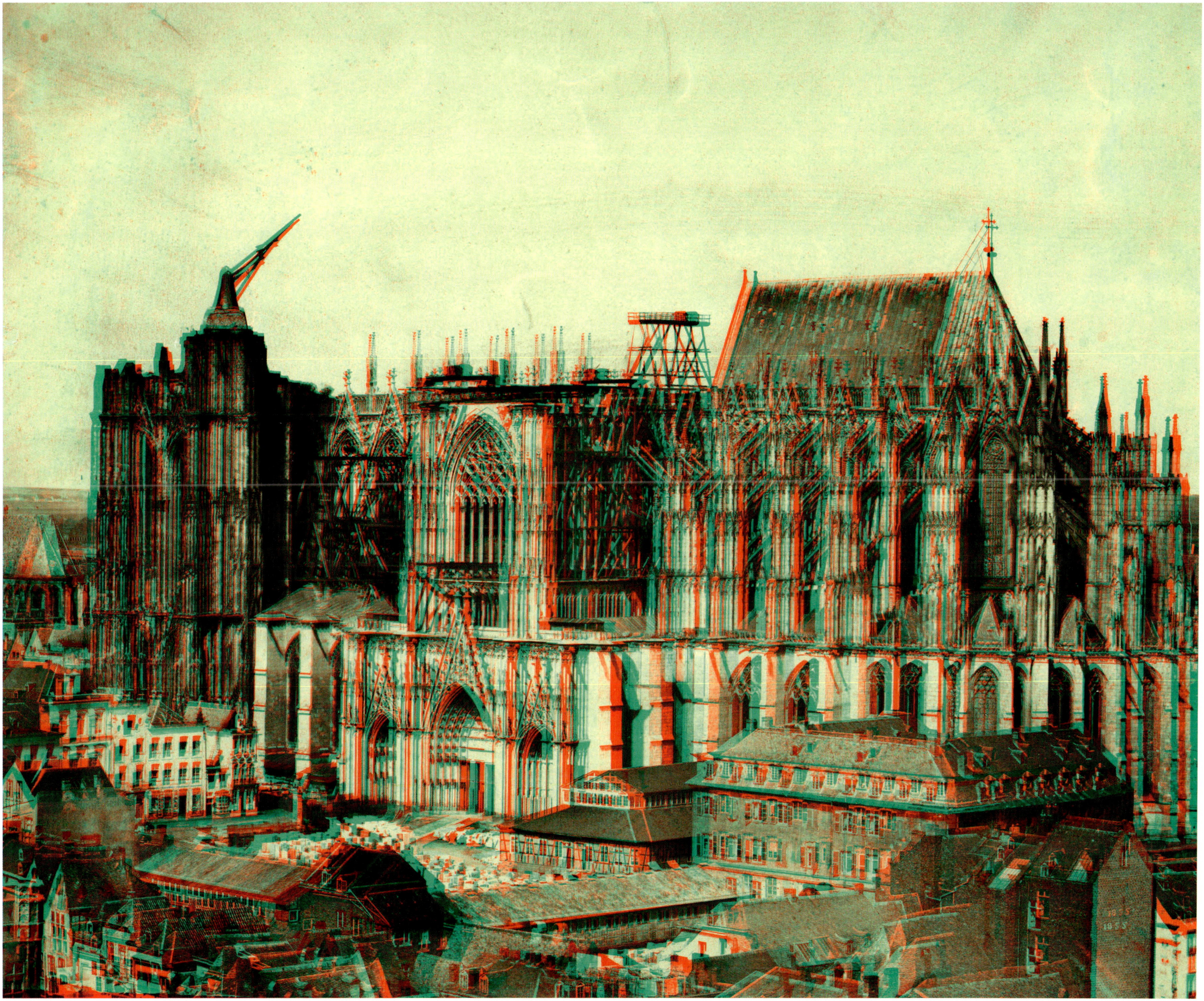

3D

Die gotischste aller gotischen Kathedralen: Für viele Kunsthistoriker verkörpert die Kölner Kathedrale den reinen Geist der Gotik. Für alle anderen ist sie eines der eindrucksvollsten Bauwerke der Welt!

DIE BAUGESCHICHTE

AUGUST 1248 – OKTOBER 1880

Es ist viel darüber diskutiert worden, wie wohl der Dom heute aussehen würde, wenn Erzbischof von Dassel mit leeren Händen in Köln eingezogen wäre an jenem denkwürdigen Sommertag des Jahres 1164. Eines kann man mit absoluter Gewissheit sagen: Die Geschichte des Kölner Domes ist unlösbar mit den Reliquien der Heiligen Drei Könige verbunden, ihre Ankunft bringt einen Prozess in Gang, der im Jahre 1880 mit der feierlichen Einweihung des Kölner Domes durch Kaiser Wilhelm I. seinen Abschluss findet.

Aber auch ohne diese wertvollen Reliquien war Köln reif für die Kathedrale. Was im 12. Jahrhundert in Frankreich mit der Gotik begann, war ein Bauboom, den der Westen seit Roms Untergang nicht mehr erlebt hatte. »Immer größer, immer höher« – schon damals der Slogan der Zeit; am Ende leisteten sich selbst unbedeutende Kleinstädte Mega-Kirchen, die jedes vernünftige Maß sprengten und die Bauherren an den Rand des Ruins brachten. Während in Chartres oder Amiens nie gesehene Kathedralen entstanden, blickten hingegen die Kölner auf ein Bauwerk, das noch aus der Epoche Karls des Großen stammte, eine romanische Kirche, die 873 geweiht worden war – hoffnungslos out. Und das ausgerechnet in Köln, in der stolzen Rheinstadt, die auf eine über tausendjährige Geschichte zurückblicken konnte, die eine blühende Handelsstadt war, eine Metropole des Mittelalters. Die nackten Zahlen erscheinen uns heute wenig eindrucksvoll, denn Köln zählte zu der Zeit vielleicht 25.000 Einwohner. Aber damit war Köln die größte deutsche Stadt und nach Paris eine der mächtigsten Metropolen Europas.

WANN WAR DER DOM DENN ENDLICH FERTIG?

Anlässlich der Fertigstellung des Domes kam Kaiser Wilhelm I. am 15.10.1880 höchstpersönlich nach Köln. Der Dom wird zum Symbol der Deutschen Nation und des neu gegründeten Deutschen Reiches.

ARCHITEKTUR DES LICHTS

Die Kathedrale von Chartres verkörpert die wichtigste Maxime der gotischen Baukunst. Riesige Fensterflächen ersetzen Mauern aus Stein.

Bereits 1225 wird in Köln der Neubau eines Domes geplant, aber es soll noch zwanzig Jahre dauern, bis ein Baumeister namens Gerhard den Auftrag seines Lebens bekommt. Gerhard ist einer der wenigen, die aus der Anonymität der gotischen Architekten herausragen. Wir wissen zwar kaum etwas über ihn, aber immerhin mehr als über die meisten seiner Berufskollegen. Vermutlich war er ein gelernter Steinmetz, Mitte 40, als er den Auftrag erhielt, der Überlieferung nach ein Familienvater. Sicher ist, dass er die großen Kathedralen aus eigener Anschauung kannte, nicht als Tourist, sondern als Mitglied der Baucrew. Denn so machte man das damals: Handwerker, vor allem aber berufene Baumeister, reisten quer durch Frankreich und Deutschland, um von den Großen ihrer Zunft zu lernen. Meister Gerhard, wie man ihn nannte, war ganz sicher auch in Amiens, wo 1225 der Grundstein für die größte Kathedrale Frankreichs gelegt wurde. Ein Megabau, dessen Innenraum vom Schlussstein bis zum Boden 42 Meter maß. So hoch, dass man ihn nicht mit einem Blick erfassen kann – demütig den Blick heben muss. Damals der höchste Kirchenbau der Welt. Inwieweit Erzbischof Konrad von Hochstaden aktiv an der Planung der neuen Kölner Kathedrale beteiligt war, ist nicht bekannt. Sicher ist, dass er als Bauherr den dringenden Wunsch verspürte, Amiens zu toppen.

Meister Gerhard ließ sich Zeit, zwei Jahre lang brütete er über den Plänen seines Lebenswerkes. Die Einzelleistung, die er dabei erbrachte, ist aus heutiger Perspektive schier unglaublich. Heute würde sich ein Heer von Architekten und Statikern an die rechnergesteuerte Planung machen. Damals war es das Werk eines Einzelnen. Er hatte das gesamte Bauwerk im Kopf, ein Genie auf dem Zenit seiner Zeit, den Menschen um ihn herum ein wahrer Titan, der sich in unerreichbaren Höhen bewegte.

Was er am Ende aus seinem Elfenbeinturm mitbringt, ist ein Monument von wahrlich kolossalen Ausmaßen. Mit einem Innenraum, der zwei Meter höher ist als der in Amiens, mit fünf statt drei Kirchenschiffen und Türmen, die mit 150 Metern Höhe direkt in Gottes Himmelreich zu ragen scheinen. Kurzum: die größte Kirche der Welt.

WIE KONNTE MEISTER GERHARD DAS ALLES SCHAFFEN?

Ein Universalgenie, das alles Wissen seiner Zeit beherrschte, das war Baumeister Gerhard. Heute kaum vorstellbar, dass ein Mann über alle naturwissenschaftlichen Kenntnisse einer Epoche verfügt. Auch seinen Zeitgenossen war er sicherlich mit all seinem Wissen und seinen Fähigkeiten unheimlich!

KONRAD VON HOCHSTADEN

In den Adern des Erzbischofs floss kaiserliches Blut. »Sein« Erzbistum macht er durch Erbschaften und Verhandlungsgeschick zu einem der mächtigsten im Reich. 1248 legt er den Grundstein für die damals größte Kirche der Christenheit, den Kölner Dom.

➔ Höher als ein zehnstöckiges Mehrfamilienhaus. Der Innenraum des Kölner Domes ist so hoch, dass ihn die Menschen vom Boden bis zum Gewölbe nicht mit einem Blick erfassen können. Ein Bauwerk, das die Menschen Demut lehrt – und das ist sicherlich von seinem Baumeister auch so gewollt!

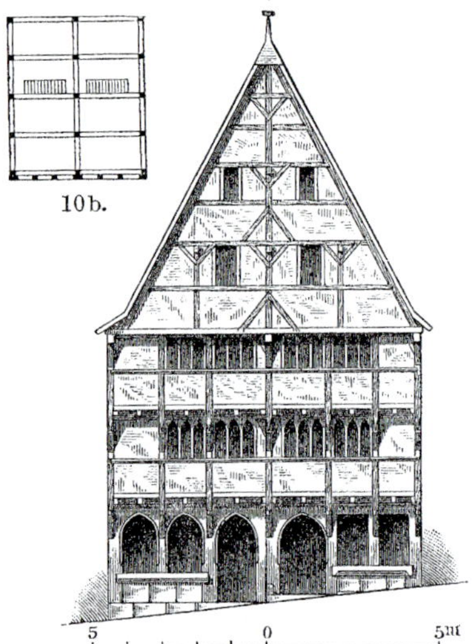

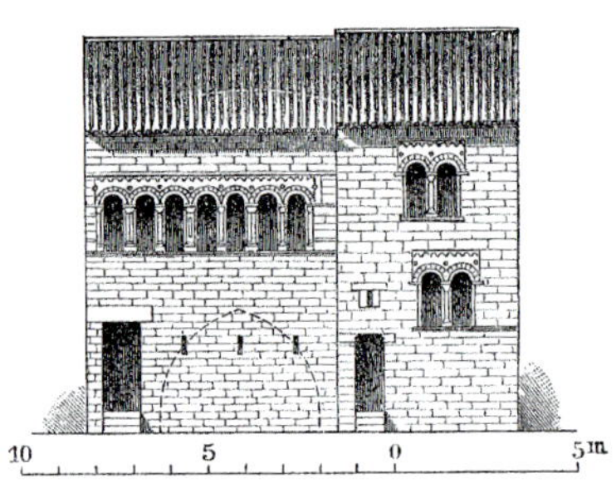

WIE GROSS WAREN DAMALS WOHNUNGEN?

In einer Epoche, in der sich bis zu zehn Menschen weniger als 40 Quadratmeter Wohnraum teilten, sprengt die Größe des Innenraums des Kölner Domes alle menschlichen Vorstellungen!

WAR KÖLN EINE GROSSE STADT?

Im Mittelalter war Köln die größte Stadt Deutschlands und mit Paris eine der mächtigsten Metropolen des Kontinents.

DOM VS. PYRAMIDEN

Doch selbst ein Riesenbauwerk wie der Kölner Dom wirkt bescheiden im Vergleich zur Cheopspyramide. Mit einem Volumen von 2,3 Millionen Kubikmetern ist sie mehr als viermal größer als der Dom, dessen umbauter Raum gerade mal 407.000 Kubikmeter misst.

Wie oben – so unten: 1248 beginnen die Arbeiten an den Fundamenten des Domes. Kostenschätzungen, die sich auf historische Bauwerke beziehen, haben fast immer den Nachteil, nicht zu stimmen, aber sie geben eine Richtung vor. Sieben bis zehn Milliarden Euro würde der Neubau des Kölner Domes heute kosten, so eine von vielen Kalkulationen. Gebaut wurde massiv in künstlerischer Ausführung, die Kathedrale ist keine Konstruktion aus Stahl, Glas und Beton, sondern aus Tausenden von gewaltigen Quadern. Auf einer Fläche von über 12.000 Quadratmetern wird das Erdreich abgetragen, eine Baugrube, in der sich locker 1.000 Wohnungen unterbringen lassen würden. Das Fundament ist nicht computerberechnet, trotzdem trägt es bis zum heutigen Tage ein Gebirge aus Stein mit einem Gewicht von rund 200.000 Tonnen.

Gerhards statische Faustregel könnte man schlicht mit »wie oben so unten« zusammenfassen, das heißt das Fundament sollte in etwa die gleiche Steinmasse auf die Waage bringen wie der Zyklopenbau, den es tragen soll. Somit bringt es der Kölner Dom auf ein geschätztes Gesamtgewicht von über 400.000 Tonnen, damit kämpft er in der Gewichtsklasse der Cheopspyramide – und die ist massiv gebaut, fast Vollmaterial, kein lichtdurchfluteter Kirchenraum mit der filigranen Eleganz der Gotik.

Täglich steigt Gerhard in die Unterwelt seiner Fundamente mit Säulen so groß wie Mehrfamilienhäuser. Wer heute den Dom besichtigt, sollte keineswegs den Besuch seiner Katakomben versäumen. Man erreicht sie durch einen Tunnel, der mitten durch eine einzige Fundamentsäule gefräst wurde. In ihrer Mitte zu stehen, die Last dieses Riesenbauwerkes über sich zu wissen, ist in der Tat ein ebenso ergreifendes wie furchteinflößendes Gefühl.

Der Teufelspakt. Das Jahr 1260 beginnt großartig für Gerhard den Baumeister. Zwölf Jahre nach der Grundsteinlegung schreiten die

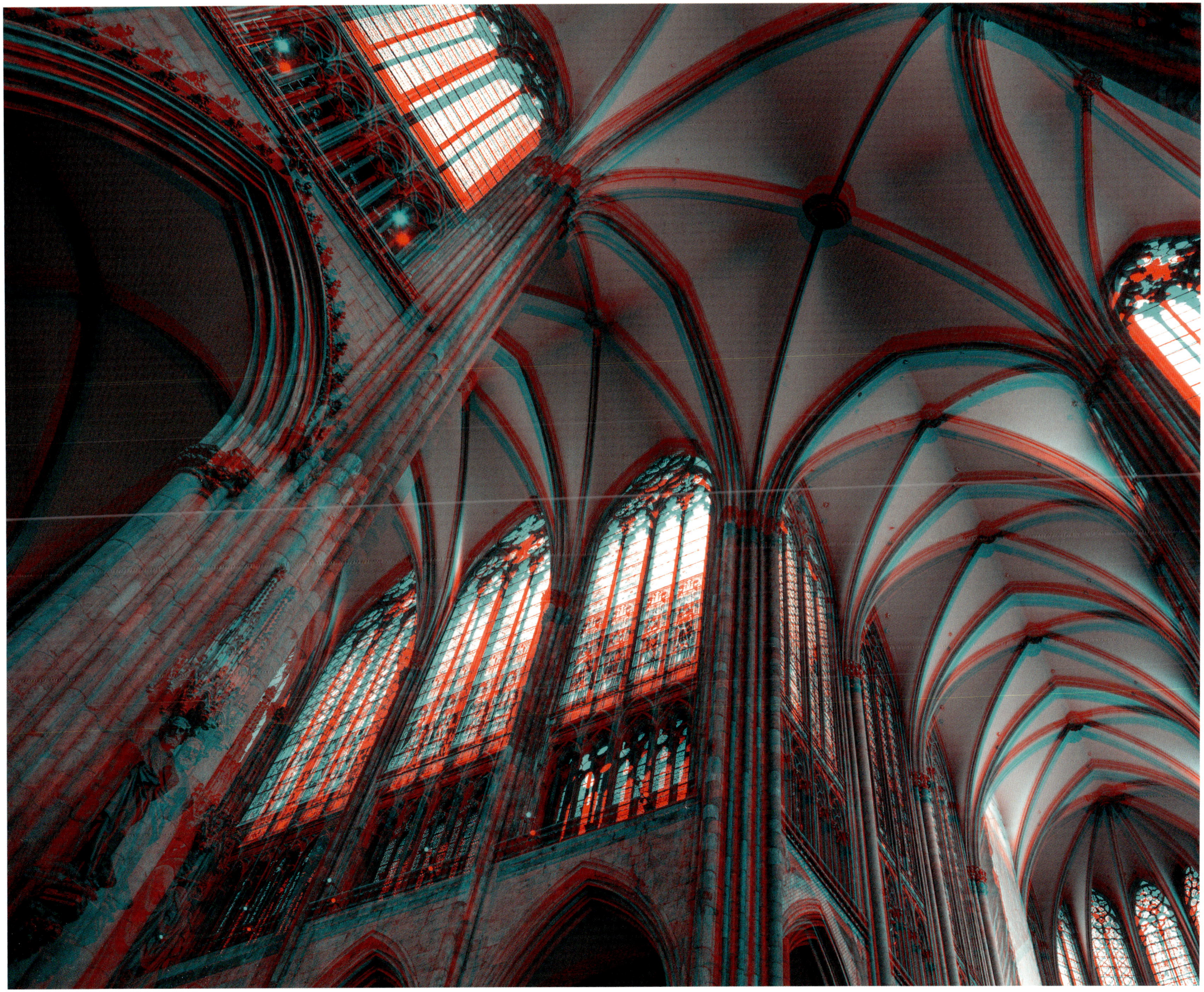

3D

Bauarbeiten an seinem Jahrhundertwerk so rasch voran, dass ihn das Domkapitel sogar mit einem großen gepachteten Grundstück belohnt. Gerhard gilt in seiner Epoche als Stararchitekt, er ist Spitzenverdiener und gehört zu den Honoratioren seiner Stadt. Dass er rund das Zehnfache der ohnedies schon gut bezahlten Steinmetze verdient, kommt noch hinzu. Er kann es sich und seiner Familie gut gehen lassen. Doch Gerhard gibt sich keinen falschen Illusionen hin, er wird die Fertigstellung des Domes nie erleben. Bestenfalls die Einweihung des Chorraumes, doch selbst das ist fraglich. Wenn die Finanzierung des Kathedralen-Projektes nicht ins Stocken gerät, wie vielerorts in den ärmeren Gemeinden Europas, wird es immerhin noch zwei Generationen dauern, bis das Bauwerk eingeweiht werden kann.

In seinem Biotop ist Gerhard ein Exot. In einer Welt, in der die erdrückende Mehrheit der Menschen weder lesen noch schreiben kann, geschweige denn etwas von Geometrie oder Mathematik versteht, ist ein Mann wie Gerhard dem einfachen Volk ein Rätsel, ebenso wie seine ganze Baustelle mit den rauchenden Schloten, den himmelragenden Gerüsten, Hebemaschinen und Teufelsgeräten.

Mit Gerhards Bauwerk geht es rasch voran, zu rasch, wie man in den engen Kölner Gassen flüstert. So etwas kann doch nicht mit rechten Dingen zugehen. Die Angst vor Hölle und Teufel ist im Zeitalter der Gotik allgegenwärtig und so macht schon früh das Gerücht von einem Teufelspakt die Runde. Ein Klassiker in der Welt der Kathedralenkonstrukteure ist der Beelzebub. Er muss immer dann herhalten, wenn der »gesunde« Menschenverstand nicht mehr weiter weiß.

Die Legende um Meister Gerhard und den Teufel erhält dann auch auf fatale Weise Nahrung. Es geschieht an einem Tag um das Jahr 1260. Wahrscheinlich ist es für Gerhard reine Routine, eine Inspektion der Chorgerüste. Doch diesmal ist alles ganz anders. Als er die rund 20 Meter hohe Konstruktion erklimmt, verliert er wohl einen Moment die Kontrolle. Vielleicht ein Augenblick der Schwäche, ein Herzinfarkt oder einfach nur ein nachlässig gesichertes Gerüstbrett. Niemand kann das heute mit Bestimmtheit sagen. Doch aus dem Betriebsunfall des Dombaumeisters wird in Generationen ein Racheakt des Teufels.

WIE SCHWER IST DER DOM?

Ohne Computer, Stahlkräne und Baumaschinen bewegten die Menschen, die die großen Kathedralen schufen, ganze Gebirge aus Stein. Der Kölner Dom bringt es auf ein unglaubliches Gesamtgewicht von 400.000 Tonnen. Selbst für heutige Maßstäbe ein Rekordbauwerk!

Es ist eine der bekanntesten Legenden der Domstadt, die Geschichte des Dombaumeisters Gerhard, der einen Teufelspakt eingeht und am Ende dafür mit dem Leben bezahlt.

Fast scheint es so, als läge nach dem Tode des großen Mannes ein Fluch über der gewaltigen Baustelle. Die Arbeiten kommen ins Stocken, es kommt immer wieder zu finanziellen Engpässen, bis die ohnedies nur halbherzigen Baumaßnahmen im Jahre 1530 endgültig zum Erliegen kommen. Es mangelt an Mitteln, und die Renaissance hat die Gotik als Baustil längst abgelöst. Was von Meister Gerhards Traum bleibt, ist eine halbfertige Bauruine, gekrönt von einem mittelalterlichen Holzkran – der Rest ist Geschichte, Gott sei Dank mit Happy End.

LEBENSERWARTUNG IM WANDEL DER ZEIT

Früh arbeiten – jung sterben! Die durchschnittliche Lebenserwartung des mittelalterlichen Menschen lag deutlich unter 35 Jahren. Doch das ist ein statistischer Wert, der beispielsweise auch die hohe Kindersterblichkeit dieser Epoche berücksichtigt. Auch im 14. Jahrhundert gab es tatsächlich 100-Jährige, ein Lebensalter, das dem mittelalterlichen Menschen wie ein Wunder erschienen sein muss. Selbst der Maler Pieter Aertsen, von dem »Der Eiertanz« von 1552 stammt, wurde 67 Jahre alt.

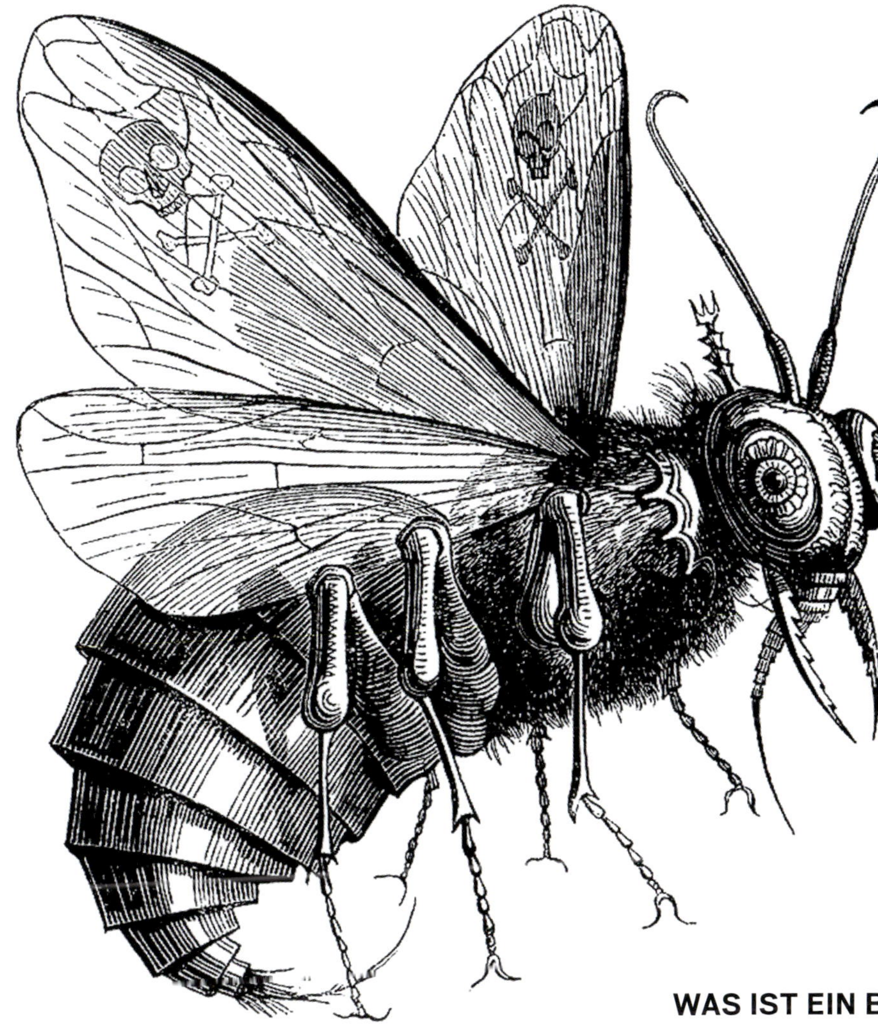

WAS IST EIN BEELZEBUB?

Mit dem Namen Beelzebub, wörtlich »Herr der Fliegen«, wird im Alten Testament wie auch in der Jüdischen Bibel der Stadtgott von Ekron im Land der Philister bezeichnet. »Herr der Fliegen« ist vermutlich eine Verballhornung des eigentlichen Namens Baal Zebul (erhabener Herr), um den heidnischen Gott zum Dämon abzuwerten bzw. dessen Anhänger zu verspotten. Die Schriftgelehrten aber sprachen: »Er hat den Beelzebub, und durch den obersten Teufel treibt er die Teufel aus.«

DAS WAREN VIELE SPANNENDE INFOS ZUR BAUGESCHICHTE: HIER EIN KLEINES ERINNERUNGS-QUIZ ZUM SCHLUSS. DIE LÖSUNG GIBT'S UNTEN AUF DER SEITE. VIEL SPASS DAMIT!

1 Wie viele Kirchenschiffe beherbergt der Kölner Dom?
1/3/5

2 Wie viele Einwohner hatte Köln im frühen Mittelalter?
25.000/60.000/95.000

3 Was würde der Neubau des Kölner Domes heute kosten?
Mindestens 3/5/7 Milliarden

3D

➔ Mit Riesenschritten zur Vollendung: Dies ist eines der ganz seltenen Fotodokumente der Riesenbaustelle des Domes in den 70er Jahren des 19. Jahrhunderts. Den Kölnern muss es wie ein Wunder erschienen sein, dass der Dom nach mehr als 600 Jahren doch noch vollendet wurde.

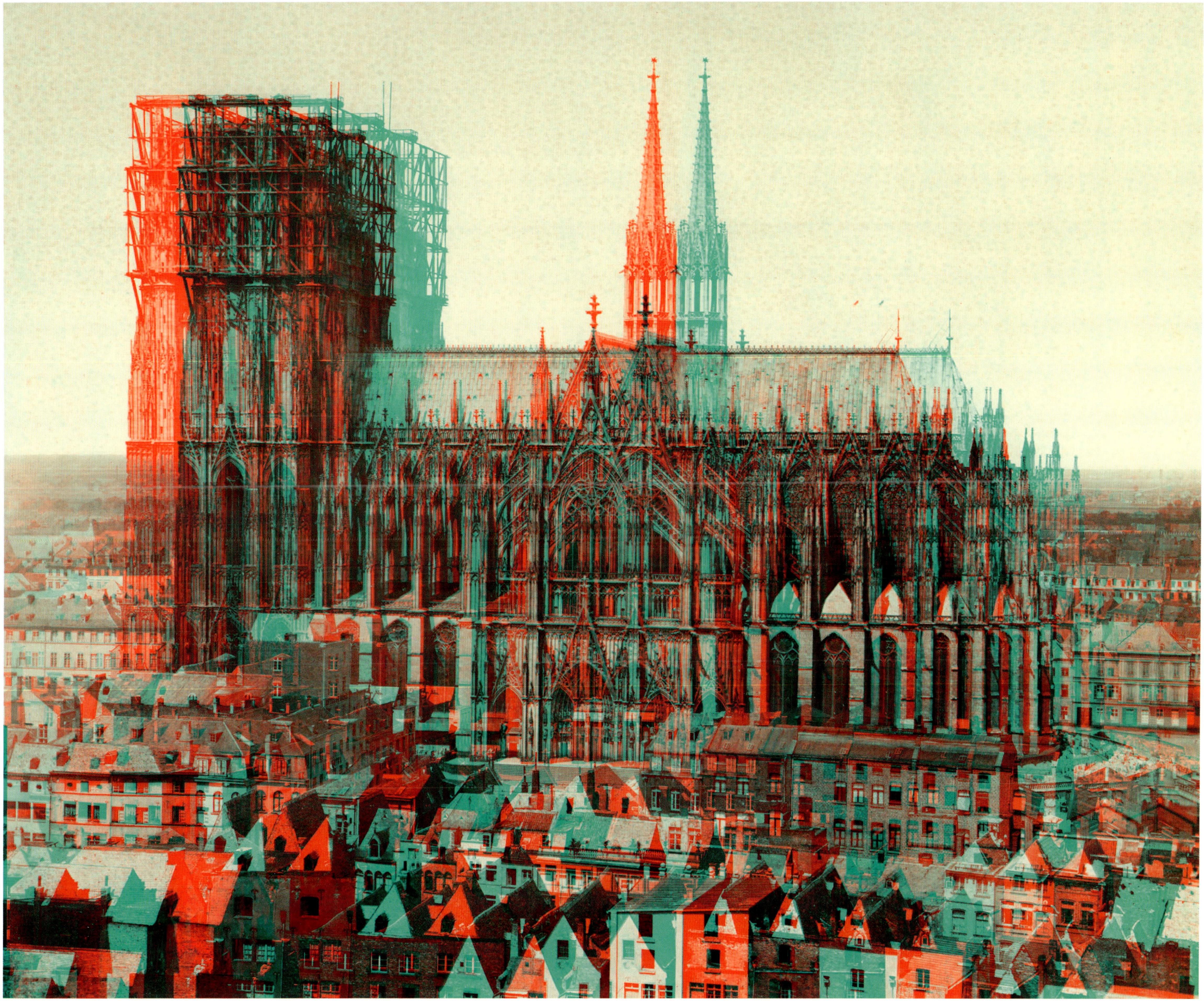

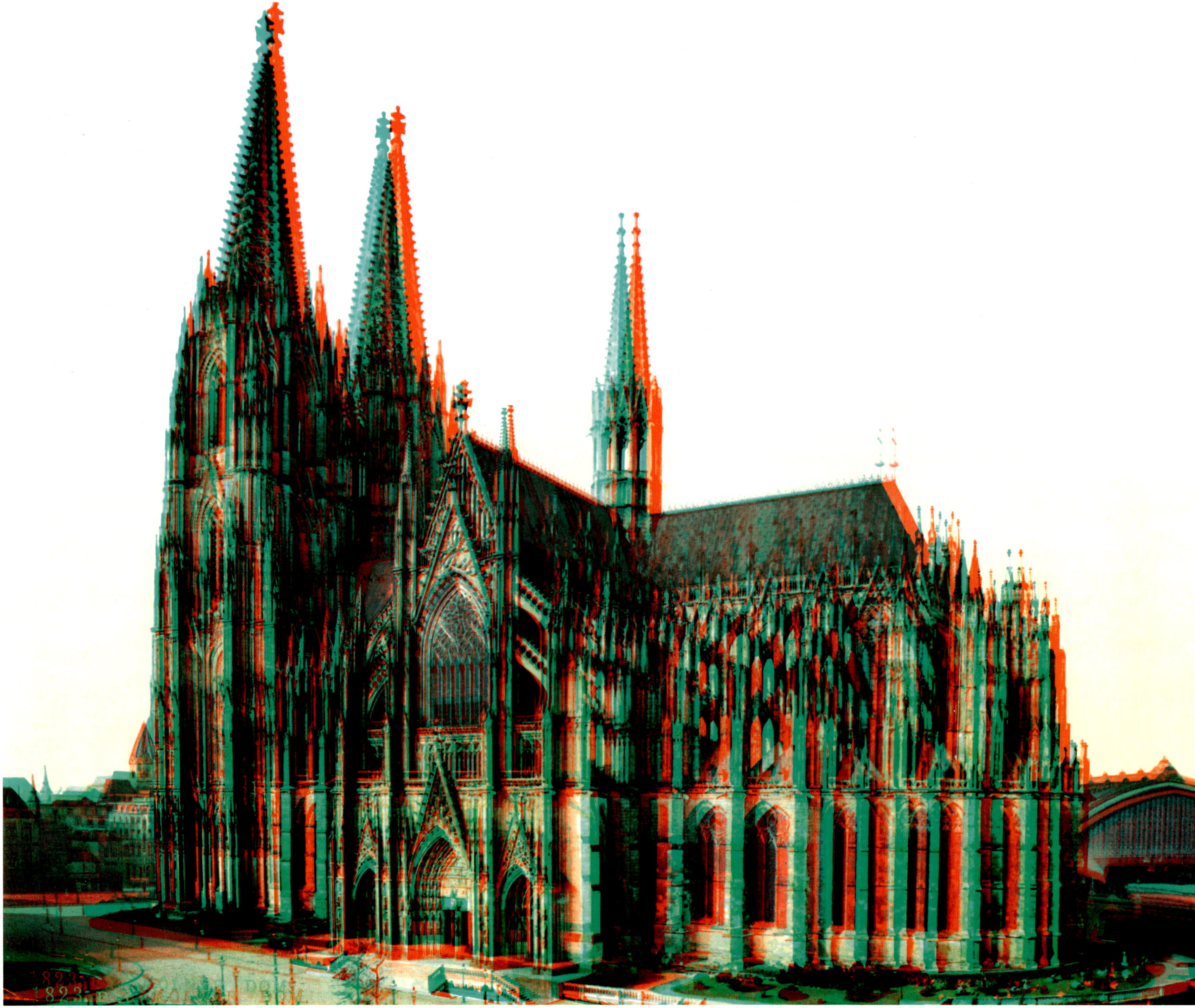
1823
DOM

DER DACHSTUHL

Polemisch könnte man den Kölner Dom als eine Art von »fake«, als Fälschung bezeichnen. Das hört sich natürlich furchtbar an, beschreibt jedoch eine Besonderheit dieses wunderbaren Bauwerkes, die es von allen Monumentalkirchen der Gotik unterscheidet. Denn der Kölner Dom wurde keineswegs im Zeitalter der Gotik, also vor rund 700 Jahren, baulich vollendet, sondern viel, viel später.

3D

Lieblingsmodell der Romantik: Kaum ein Gebäude hat so viele Künstler inspiriert wie der Dom. Im 19. Jahrhundert trifft die Gotik den Geschmack der Zeit. Die Neogotik entsteht, eine architektonische Verbeugung vor der vermeintlich guten alten Zeit.

Zwischen seinem Baubeginn im August 1248 durch den legendären Baumeister Gerhard bis zu seiner Fertigstellung im Oktober 1880 klafft eine zeitliche Kluft von über 600 Jahren. Damit kann er nahezu unangefochten den Titel »Bauwerk mit der längsten Bauzeit« für sich in Anspruch nehmen. An der Chinesischen Mauer wurde länger gearbeitet, fast zweieinhalb Jahrtausende, mit einer Länge von fast 9.000 Kilometern läuft sie jedoch außerhalb der Wertung. Somit ist der Kölner Dom nicht das, was er auf den ersten Blick zu sein scheint: ein Denkmal aus einer weit zurückliegenden Epoche. Denn der größte Teil dieses Bauwerkes wurde im Zeitalter der Industrialisierung fertiggestellt, vor nicht einmal 150 Jahren. Über mehr als ein halbes Jahrtausend blieb der Kölner Dom unvollendet. Der mittelalterliche Baukran auf dem Südturm wurde zu einer Art Wahrzeichen der Stadt und die Kölner spotteten: »Wenn der Dom endlich fertig ist, geht die Welt unter.«

EWIGE MAHNUNG

Wie präsent den Kölnern »ihr« alter Baukran war, beweist diese Darstellung aus dem späten Mittelalter. Der Baukran überragt die Bauwerke der Stadt. Der Künstler hat ihn viel größer dargestellt als er tatsächlich war. Er mahnt die Kölner zur Vollendung ihres Domes.

CHINESISCHE MAUER VS. KÖLNER DOM

Auch in Sachen Bauzeit bricht die Chinesische Mauer alle Rekorde. Über 2.500 Jahre zog sich ihre Fertigstellung hin, im Vergleich dazu sind die sechs Jahrhunderte, die der Dom zur Vollendung benötigte, ein Rekordtempo!

EIN SCHICKSALSFUND

Das vier Meter hohe Original des Fassadenplanes des Domes: Er galt als verschollen, bis eine der beiden Hälften durch einen Zufall ausgerechnet auf dem Dachboden eines Gasthofes in Darmstadt wiederentdeckt wurde.

Doch nach jahrhundertelangem Dornröschenschlaf wurde für Deutschlands imposanteste Ruine alles ganz anders. Durch eine Verknüpfung glücklicher Zufälle wurden die Originalfassadenpläne des Domes wiederentdeckt, die eine Hälfte 1814 in Köln, das Gegenstück schließlich zwei Jahre später in Paris. Im Zeitalter der Romantik war die Gotik wieder en vogue und der Kölner Dom die vielleicht gotischste aller Kathedralen. Zum Zeitgeist gesellte sich ein wachsender Nationalismus, der Wunsch nach einer geeinten Deutschen Nation, nach einem Nationalstaat wie Frankreich, Spanien oder Italien. Und welches Gebäude war besser geeignet als Symbol für die Deutsche Nation als der Dom in Köln? In den ersten Jahrzehnten des 19. Jahrhunderts gewinnt die Idee von der Fertigstellung der Kölner Kathedrale eine ungeheure Dynamik. Umso erstaunlicher, wenn man bedenkt, dass Jahrhunderte kein Finger gerührt wurde, um dieses mittelalterliche Monument überhaupt zu erhalten. Zu Beginn des 19. Jahrhunderts – zur Zeit der französischen Besatzung in Köln – war seine Bausubstanz so marode, dass sogar sein Abriss zur Diskussion stand.

1842 liefert der preußische König Friedrich Wilhelm IV. den administrativen Akt zur Fertigstellung des Kölner Domes und stellt zudem einen Großteil der benötigten Mittel zur Verfügung. Mit der Gründung des Zentral-Dombau-Vereins startet eine bis dahin einzigartige Spendenkampagne. Am Ende steht das Budget und der Bau beginnt.

Das 19. Jahrhundert ist eine Epoche im Aufbruch, ist die Ära der Industriellen Revolution. Dampfmaschinen ersetzen die Muskelkraft von Mensch und Tier, eröffnen eine neue Dimension der Geschwindigkeit. Aus Manufakturen werden Fabriken, aus kleinen Eisenhütten Hüttenwerke. Alles scheint machbar, selbst die Vollendung eines Bauwerkes, das ewig unvollendet zu bleiben drohte. Natürlich gibt es Kritiker, die das schöne viele Geld anderweitig investiert sehen wollen. Andere befürchten, dass ein Kirchenbau als politisches Symbol missbraucht wird. Aber alle Gegenstimmen bleiben im Sturm der Begeisterung ungehört. Der gewaltigste Kirchenbau der Gotik wird mit der modernsten Bautechnik, die diese Epoche zu bieten hat, vollendet. Riesige dampfbetriebene Maschinen für die Tausende von Tonnen Stein, Gerüstkonstruktionen, die man ansonsten nur von den Wolkenkratzern aus New York

WIE KAMEN TEILE DER PLÄNE NACH PARIS?

Als historisches Dokument ist der Fassadenplan des Domes von unschätzbarem Wert. Das wussten auch die Soldaten der französischen Revolutionstruppen. Sie nahmen eine Hälfte des riesigen Planes als Kriegsbeute mit nach Paris.

ZENTRAL-DOMBAU-VEREIN

SULPIZ BOISSERÉE

Einer der großen Visionäre, die den romantischen Traum von der Vollendung des Kölner Domes wahr werden ließen. Der wohlhabende Kaufmannssohn und Kunstsammler fand den verschollenen Fassadenplan des Domes in Paris. Die Vollendung »seines« Domes jedoch erlebte er nicht mehr. Boisserée starb 1854 in Bonn.

AUGUST REICHENSPERGER

Ein engagierter Politiker und Kunstliebhaber. Er ist einer der Pioniere der Idee von der Wiederaufnahme der Bauarbeiten am Dom und einer der Mitbegründer des Zentral-Dombauvereins zu Köln. Als über 70-Jähriger kann er endlich die Früchte seines Einsatzes genießen.

JOSEPH GÖRRES

Ein leidenschaftlicher Verfechter der Demokratie, der die Idee der Revolution unterstützte. 1814 gründet er in Koblenz den Rheinischen Merkur als publizistische Speerspitze für die Idee der nationalen Einheit, Freiheit und Demokratie. Er nutzte seine Popularität, um für die Vollendung des Domes zu werben.

kannte. Denn selbst die Puristen unter den Historikern und Konservativen konnten ja nicht ernsthaft erwarten, dass die Wiederaufnahme der Bauarbeiten mit der Technik des Mittelalters erfolgen würde. Das Ergebnis indessen, das Bauwerk selbst, sollte durch und durch historisch sein. Und genau an dieser Stelle war der Skandal regelrecht vorprogrammiert.

Denn der Mann, der als Masterbrain dieses Riesenunternehmen steuert, ist als Architekt und Baumeister ganz und gar auf dem Zenit seiner Zeit. Ernst Friederich Zwirner tritt das Erbe des großen Baumeisters Gerhard an, aber auf seine ganz eigene Art und Weise. Das Raunen des Widerspruches wird zum Sturm der Empörung, als bekannt wird,

◄ Ein Blick in den Dachstuhl des Domes. Zur Zeit seiner Fertigstellung sind die Träger die größte Eisenkonstruktion der Welt.

WAS WURDE ZEITGLEICH IN NEW YORK GEBAUT?

Der Einfluss des Kölner Domes auf die Architekten der Welt ist enorm. In Amerika entstehen Wolkenkratzer im Stile der Neo-Gotik wie das Woolworth-Building. Mit einer Höhe von 241 Metern ist es zum Zeitpunkt seiner Fertigstellung 1913 das höchste Gebäude der Welt.

EIFFELTURM VS. KÖLNER DOM

Der Eiffelturm löst 1889 die Dachkonstruktion des Kölner Domes als größtes Eisenfachwerk der Welt ab.

dass Zwirner nicht daran denkt, für die Dachkonstruktion seiner Kathedrale den traditionellen Baustoff Holz zu verwenden. Zwirner setzt auf Eisen, *den* Baustoff der Zukunft. Es ist wirklich schade, dass nur sehr wenige der Menschen, die den Dom besichtigen, wissen, dass sich unter der Dachfläche mit ihren rund 12.000 Quadratmetern und 600 Tonnen Blei eine bauliche Sensation verbirgt: die zum Zeitpunkt ihrer Fertigstellung größte Eisenkonstruktion der Welt. Es sollte noch fast zwei Jahrzehnte dauern, bis dieser Rekord getoppt wurde. Es ist kein geringeres Bauwerk als der Eiffelturm, dem dieses schließlich gelang, Anno 1889.

Eisen als Baustoff für eine gotische Kathedrale – für die konservativen Kreise Kölns ein Skandal. Eine Kathedrale ist doch keine Bahnhofshalle. Stein, Glas und Holz sind die traditionellen Baumaterialien – und dabei soll es auch bleiben. Die Zeitungen Kölns und der Umgebung werden zum Medienschlachtfeld der Traditionalisten und derjenigen, die Partei für Zwirner ergreifen. Dass Eisen nicht brennt, ist Zwirners stärkstes Argument. Bekanntermaßen gewinnt Zwirner und spätestens nach dem Zweiten Weltkrieg sind ihm die meisten Kölner dankbar für seine Hartnäckigkeit! Der Kölner Dom »überlebt« das Bombardement des Zweiten Weltkrieges, überlebt zahllose Brandbomben. Einerseits weil tapfere Kölner während der Angriffe buchstäblich ihr Leben riskieren, um mit Löschdecken und Feuerlöschern auf den Dächern jedes Feuer im Keim zu ersticken, andererseits weil Zwirners Konstruktion allen Erschütterungen und Brandattacken trotzt.

Am 15. Oktober 1880 erfolgt die feierliche Einweihung des Kölner Domes durch Kaiser Wilhelm I. Eine eindrucksvolle Demonstration nationaler Größe im Schatten der Kathedrale. Die obligatorischen Gerüste zierten ihn auch an diesem großen Tag seiner Vollendung. Dass sie auf den Postkarten zur Feier nicht zu sehen sind, hat einen einfachen Grund: Man hat sie geflissentlich wegretuschiert!

ERNST FRIEDERICH ZWIRNER

Neuschöpfer des Kölner Domes: Zwirners größter Verdienst ist die geniale Kombination aus Werktreue gegenüber den Baumeistern des Mittelalters und ihrer Idee vom Dom und die Verwendung modernster Technik und fortschrittlicher Konstruktionen. Gegenüber den Traditionalisten setzte er seinen »eisernen Dachstuhl« durch, ohne den der Dom den Zweiten Weltkrieg möglicherweise nicht überstanden hätte.

WIE STARK WAR DER DOM?

Als wäre er unverletzlich, ragt der Dom aus dem Trümmermeer Köln heraus. Dass die Kathedrale den Bombenterror des Zweiten Weltkriegs halbwegs unbeschadet überstanden hat, liegt am selbstlosen Einsatz vieler Kölner, die als Löschkommandos den Dom vor Feuerausbrüchen geschützt haben.

WIE VIELE MENSCHEN BESUCHEN DEN DOM?

Auch als Touristenattraktion ist der Dom Rekordhalter. Durchschnittlich finden täglich 20.000 Besucher den Weg zur Kathedrale. Damit gehört der Kölner Dom zu den meistbesuchten Sehenswürdigkeiten der Welt.

DAS WAREN VIELE SPANNENDE INFOS ZUR BAUGESCHICHTE: HIER EIN KLEINES ERINNERUNGS-QUIZ ZUM SCHLUSS. DIE LÖSUNG GIBT'S UNTEN AUF DER SEITE. VIEL SPASS DAMIT!

1 Aus welchem Material ist der Dachstuhl gebaut?
Eisen oder Holz

2 Wo wurde das Original des Fassadenplans wiederentdeckt?
Köln / Worms / Darmstadt

3 Wann wurde der Dom eingeweiht?
15. März 1880 / 15. Oktober 1880 / 23. Februar 1881

Frage 1: Eisen;
Frage 2: Darmstadt;
Frage 3: 15. Oktober 1880

COLONIA

3D

➔ Eine der größten Kirchen der Christenheit: »Die Schokoladenseite« des Domes mit ihrer einzigartigen Westfassade, der größten Kirchenfassade der Welt.

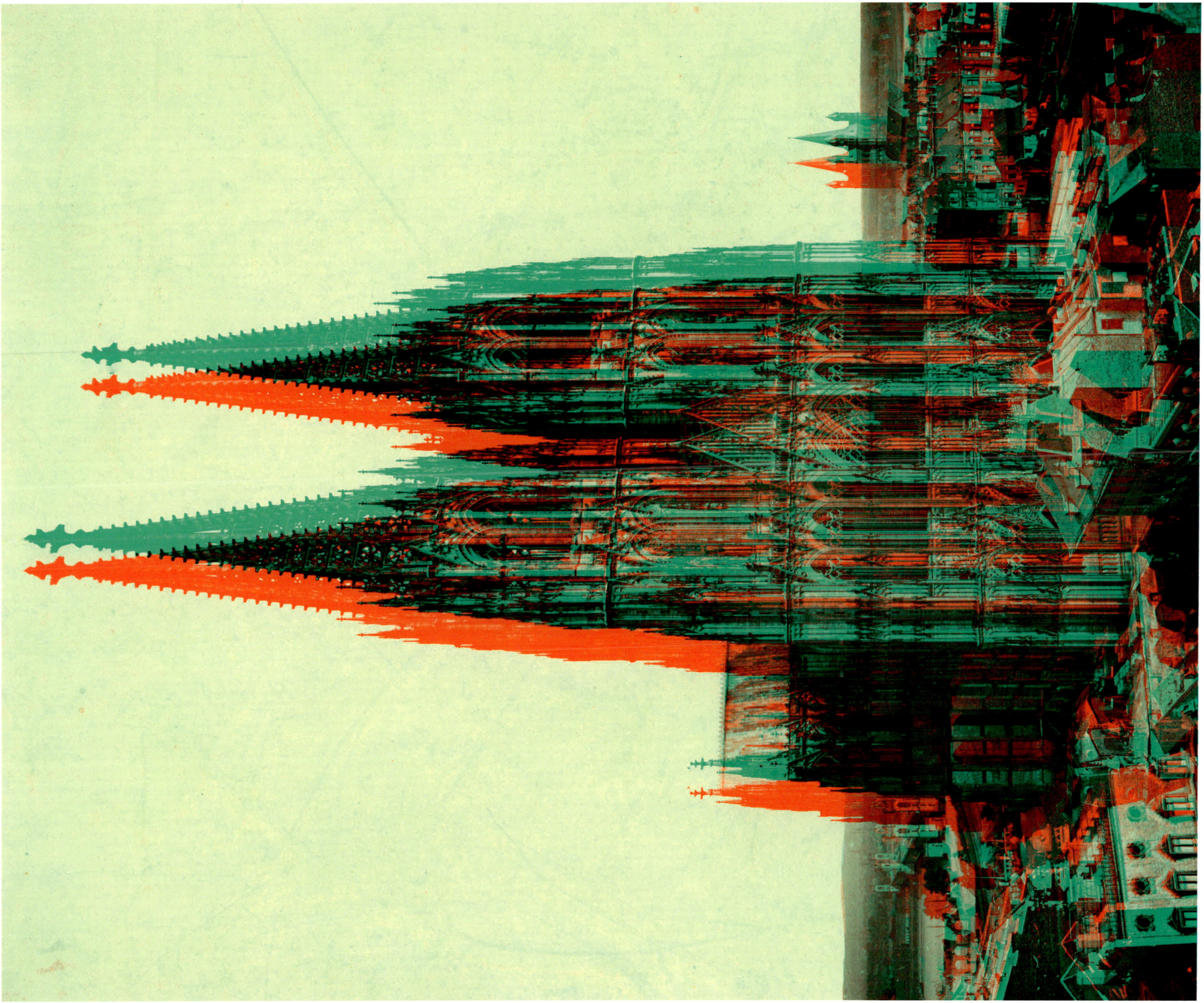

3D

Welches ist der älteste Teil des Domes? Die mittelalterlichen Architekten begannen ihre Kirchenbauten immer mit dem Chor. Er ist – mit dem Altar – das Allerheiligste der Kirche. Wenn der Chor steht, dann kann der Gottesdienst gefeiert werden.

DER CHOR

Der Chor einer Kirche ist durchaus nicht immer ein Kirchenchor. Für Laien etwas verwirrend bezeichnet »Chor« den Teil der Kirche mit dem Allerheiligsten, dem Altar und dem Altarumgang. Bei einem monumentalen Bauwerk wie dem Kölner Dom hat allein der Chor die Ausmaße einer Pfarrkirche. Im Kölner Dom sind die Chorkapellen wie die Schmuckstücke eines Colliers im Umgang angeordnet. Wenn man bei diesem Bild bleibt, ist dann der Dreikönigenschrein der Mittelpunkt, das schönste und wertvollste Juwel im Halbkreis des Chores.

Einmalig in seiner Größe, spektakulär in seiner Ausführung, ist das Chorgestühl mit 104 Sitzplätzen das größte in Deutschland. Dass es so ausladend geraten ist, hat etwas mit Prestige zu tun: Je größer das Chorgestühl, desto bedeutender die Kathedrale, so die Faustregel im Zeitalter der Gotik. Dass jeweils ein Sitz für den Papst und den Kaiser reserviert ist, zeugt ebenso von gesundem Selbstbewusstsein. Das gesamte Ensemble wurde im Jahre 1311 vollendet, ein Meisterwerk mittelalterlicher Holzschnitzkunst. Heutzutage zelebrieren die Gläubigen den Gottesdienst vorwiegend sitzend, seltener stehend, und lediglich während der Wandlung knien sie. Das war im Mittelalter ganz anders. Die Bestuhlung der Kirchen ist eine Einrichtung der Neuzeit. Im Mittelalter standen und knieten die Gläubigen wie in den orthodoxen Kirchen im »freien Raum«. Während sich die Gemeindemitglieder lediglich an Sonntagen oder zu den kirchlichen Feiertagen zum Gottesdienst einfanden, trafen sich Priester und Mönche mehrmals täglich zum Gebet, eine physische Herausforderung vor allem für die betagten Brüder. Das Chorgestühl war so konstruiert, dass die frommen Männer auch im Stehen eine Stütze fanden. Denn ihre Konstruktion ist so angelegt, dass die Stühle beim Aufstehen hochklappen und unter den hochgeklappten Sitzen finden sich kleine Holzstützen wie Miniatursitzflächen, die den Mönchen das lange Stehen erleichtern sollten, sogenannte Miserikordien.

Auch für den kunsthistorisch Uninteressierten lohnt es sich, das Kölner Chorgestühl ganz genau unter die Lupe zu nehmen, denn die Motive der Schnitzereien unterhalb der Miserikordien, so kunstvoll sie auch sein mögen, sind alles andere als religiös oder biblisch. Fratzen, Grimassenschneider, allerorten nackte Körperteile, alles, nur nicht kirchlich keusch. Was derartige Darstellungen ausgerechnet im Chor, nahe dem Allerheiligsten verloren haben, kann heute niemand mehr mit Bestimmtheit sagen. Die Tatsache, dass sie sich vor allem unterhalb der Gürtellinie der betenden Chorherren befinden, gibt zumindest eine Richtung vor. Unbestritten sind sie Bestandteil einer Gegenwelt zu den frommen und religiösen Elementen der Kathedrale, so wie die Wasserspeier oder die Skulpturen an den Gesimsen und Wassertraufen der Kathedralen und Großkirchen. Gott und Teufel, Gut und Böse, die beiden Gegenpole der christlichen Welt. Jedenfalls erfreuten sich diese Darstellungen bei den

WAS ZEIGEN DIE MISERIKORDIEN?

Eindrucksvolle Schnitzarbeiten zeigt auch das Chorgestühl der Kathedrale von Rodez, im oberen Bild. Einen Kontrast dazu bildet das hochbarocke Chorgestühl im Priesterchor der ehemaligen Klosterkirche St. Maria in Buxheim, Bild unten rechts. Dass in einer Kirche durchaus nicht alles fromm und keusch sein muss, beweisen die Schnitzereien des Kölner Chorgestühls. Eine Menagerie des prallen Lebens, nackter Männlein und Weiblein und lebensnahe Darstellungen all jener Versuchungen, denen die geistlichen Herren täglich ausgesetzt waren.

WAS ZEICHNET DIE FIGUREN DES WESTPORTALS AUS?

Die Figuren des Kölner Westportals sind zu Stein erstarrte Abbildungen wirklicher Menschen. Erst in der Gotik gelingt es den Steinmetzen wieder, ihren Figuren Lebendigkeit einzuhauchen.

Männern der Kirche großer Beliebtheit, sie boten während der endlosen Liturgien Phantasienahrung – wenn auch nicht immer von der Art, die die Bibel lehrt.

Traditionell beginnen die Bauarbeiten an einer neuen Kirche oder Kathedrale mit dem Chor. Er bildet gewissermaßen das spirituelle Zentrum. Wenn man bedenkt, dass sich der Bau eines großen Domes über Generationen hinzieht, dann bietet der Chor nach seiner Fertigstellung den Raum für die Gottesdienste. Im Idealfall kann so die Kirche bereits nach einem Jahrzehnt »in Betrieb« genommen werden. Später dann verbinden sich Chor, Quer- und Langschiff zu einem Baukörper, der aus der Vogelperspektive wie ein gewaltiges Kreuz aussieht.

Die Ausrichtung der meisten Kirchenbauten ist West-Ost. Der Chor im Osten, das Eingangsportal im Westen. Diese »Ostung« der Kirchen hat eine symbolische Bedeutung. Im Osten geht die Sonne auf. »Ich bin das Licht der Welt; wer mir nachfolgt, der wird nicht wandeln in der Finsternis, sondern wird das Licht des Lebens haben.« So zitieren die Evangelisten Matthäus und Johannes Jesus. Licht gleich Auferstehung,

WAS SYMBOLISIEREN WASSERSPEIER?

Die Dämonenfratzen symbolisieren den Einfluss des Teufels auf die irdische Welt, sie sollen dem Teuflischen, dem Bösen und seinen Dämonen einen Spiegel vorhalten, um es so vom heiligen Inneren der Kirche abzuhalten.

das erste Licht des Tages scheint stets durch die Chorfenster im Osten, dort wo die Sonne aufgeht. Durch die Anlage der Fenster und des Fensterausschnitts können die Architekten der Kirchen auf den Tag genau bestimmen, wann das erste Licht des Tages in das Innere des Chores strahlen wird. So ist der Stephansdom in Wien beispielsweise auf einen ganz bestimmten Tag geostet, auf den 26. Dezember 1137. Das ist der Namenstag des Schutzheiligen der Kathedrale im Jahr des Baubeginns, des Heiligen Stephan.

Der Sonnenaufgang als Symbol für die Auferstehung, das ist selbst für Laien nachvollziehbar. Doch wer käme auf die Idee, dass beispielsweise die Zahl Acht für Neuanfang steht oder die Dreizehn im Mittelalter eine Glückszahl war, weil sie Jesus und seine zwölf Apostel symbolisiert? Über die sogenannte Zahlenmystik ist viel geschrieben und gerätselt worden und sie wird nach wie vor sehr kontrovers diskutiert.

JOHANNES UND MATTHÄUS

Die beiden Evangelisten gehören zu den prominentesten Modellen mittelalterlicher Bildhauer. Zählt man die Heiligen, die als Bilderschmuck auf Gemälden, Fresken und Fenstern in und am Dom dargestellt werden, dann geht ihre Zahl schnell in die Tausende.

Respekteinflößend. Mit 104 Plätzen ist das Kölner Chorgestühl das größte seiner Art in Deutschland. Auch an einen Platz für den Kaiser und den Papst haben die Chorherren gedacht. Ein diskreter Hinweis auf die große Bedeutung des Domes im Ranking der deutschen Bischofskirchen.

WELCHE ROLLE SPIELTE DIE ZAHLENMYSTIK?

Fast jede biblische Zahl hat eine eigene Bedeutung. Das gilt nicht nur für die »Drei« der Heiligen Dreifaltigkeit oder die »Vier« der vier Evangelisten oder Himmelsrichtungen, das gilt auch für die Produkte biblischer Zahlen. Die gebildeten Menschen des Mittelalters kannten die Bedeutung einzelner Zahlen. Heute ist sie nur sehr wenigen bekannt.

Kölns ehemalige Dombaumeisterin, Professor Barbara Schock-Werner, bringt es auf einen einfachen Nenner: »Die Architekten und Baumeister des Mittelalters standen mit beiden Beinen fest auf dem Boden der naturwissenschaftlichen Tatsachen, sie hatten mit Mathematik, aber nichts mit Mystik zu tun.«

Ganz anders sehen das natürlich die Vertreter des esoterischen Lagers, die Kathedralen als Horte großer Geheimnisse und Wahrheiten sehen, die nur darauf warten, entschlüsselt zu werden. Wie populär diese Einstellung ist, zeigen sehr eindrucksvoll die Erfolge von Büchern wie »Sakrileg«. Natürlich haben bestimmte Zahlen eine ganz bestimmte Bedeutung. Die Drei für Dreifaltigkeit, es gibt vier Evangelisten, sieben Wochentage und zwölf Apostel, damit ist das Repertoire »mystischer Zahlen« für die meisten Menschen aber auch schon erschöpft.

Sicherlich war das Wissen der Domherren, die Meister Gerhards erste Entwürfe des Kölner Domes sahen, sehr viel größer. Möglicherweise haben sie sofort erkannt, dass sein Plan sieben Chorkapellen vorsah. Drei davon symbolisch für die Dreifaltigkeit und vier davon symbolisch für die vier Evangelisten. Er könnte aber auch die Sieben aus der Schöpfungsgeschichte gemeint haben, »an sieben Tagen schuf Gott die Welt ...«. Zwölf Türen führen in Gerhards Dom, zwölf Tore hat das Himmlische Jerusalem und zwölf Stämme hat das Volk Israel. Auch die Summe biblischer Zahlen ergibt eine biblische Zahl. Das heißt, auch die 24 – also zweimal 12 – gewinnt dadurch eine besondere Bedeutung. Somit lässt sich aus den biblischen Zahlen fast jede ein- bzw. zweistellige Zahl summieren, die wiederum von zahlenmystischer Bedeutung ist. Schon dieser kleine Exkurs zeigt die Beliebigkeit, die sich hinter der Idee der Zahlenmystik verbirgt.

WIE WICHTIG IST DIE AUSRICHTUNG?

Alle christlichen Kirchen sind mehr oder weniger nach Osten ausgerichtet. »Mehr oder weniger«, denn manchmal lässt ein Bauplatz eine exakt östliche Ausrichtung nicht zu. Im Osten geht die Sonne auf. »Ich bin das Licht«, spricht Jesus. Im Osten befindet sich auch die heiligste der christlichen Stätten – Jerusalem. Der Stephansdom in Wien ist beispielsweise auf einen ganz bestimmten Tag geostet, den Namenstag des Schutzheiligen der Kathedrale, des Heiligen Stephan.

FÜR DIEJENIGEN, DIE ES INTERESSIERT, EINE KLEINE AUSWAHL DER WICHTIGSTEN »BIBLISCHEN ZAHLEN«

3

Die Drei: Nach drei Tagen ist Jesus auferstanden, die Drei symbolisiert aber auch die Dreifaltigkeit Gottes aus Vater, Sohn und Heiligem Geist.

6

Sechs steht als Symbol für Unvollkommenheit, 666 für den Teufel.

10

Zehn Gebote gab Gott Moses in der Wüste.

1

Dass die Eins zum einen für die Einzigartigkeit Gottes und zum anderen als teuflische Zahl herhalten muss, sagt schon viel aus über die Validität dieser biblischen Arithmetik.

13

Die Dreizehn als zwölf plus eins, Symbol für Jesus und seine Apostel, später jedoch eine Unglückszahl. Dabei »stört« die Eins als teuflische Zahl, die Zwölf als Symbol für das Gleichgewicht.

GLAUBE ODER ABERGLAUBE?

Dass wir heute immer noch sagen »aller guten Dinge sind drei« oder dass es in amerikanischen Hotels keine 13. Etage gibt, beweist eindrucksvoll, dass sich der Aberglaube an die besondere Bedeutung bestimmter Zahlen bis in die heutige Zeit erhalten hat.

DAS WAREN VIELE SPANNENDE INFOS ZUR BAUGESCHICHTE: HIER EIN KLEINES ERINNERUNGS-QUIZ ZUM SCHLUSS. DIE LÖSUNG GIBT'S UNTEN AUF DER SEITE. VIEL SPASS DAMIT!

1 Wie viele Sitzplätze gibt es im Chorgestühl?
88 / 96 / 104

2 Was symbolisieren die Wasserspeier?
Teufel / Erlösung / Versuchung

3 Wofür steht die Zahl vier in der Zahlenmystik?
4 Himmelsrichtungen / 4 Evangelisten / 4 Jahreszeiten

Frage 1: 104; Frage 2: Teufel; Frage 3: 4 Evangelisten.

3D

Typisch gotisch: Das bizarre System von Brücken, Streben und Pfeilern ist das vielleicht typischste Merkmal der Gotik. Alles wirkt leicht, transparent, himmelstrebend. Die Architekten des Kölner Domes haben dieses System gleichsam auf die Spitze getrieben.

FASSADE TÜRME GLOCKEN

Mit einer preiswerten Amateurkamera ist dem Kölner Dom nicht beizukommen, eine schmerzliche Erfahrung, die fast jeder Tourist auf der Domplatte machen muss – und täglich sind es rund 20.000. Entweder ist der Dom zu groß oder die Domplatte zu klein – oder beides. Wer zudem noch seine Lieben mit aufs Bild bannen will, der benötigt beim späteren Betrachten eine Lupe.

3D

Vor der Vollendung: Im Vordergrund die Dombauhütte, im Hintergrund die eingerüsteten Türme. Gerüste gehören zum Dom wie der Altar zum Gottesdienst. Daran wird sich wohl nie etwas ändern.

Das ist das Tragische an XXL-Gebäuden. Es tut ein wenig weh, den Dom auf seine nackte Masse zu reduzieren, aber in diesem Falle muss es einfach sein. Seine Fassade ist mit 7.000 Quadratmetern die größte Kirchenfassade der Welt. Das entspricht der Dimension eines Fußballfeldes, hochkant gestellt. Seine Türme messen 157 Meter, das macht ihn zum drittgrößten Sakralbauwerk überhaupt. Zum Zeitpunkt seiner Fertigstellung im Jahre 1880 war der Dom das höchste Gebäude des Planeten – ein Rekord, den der Riese am Rhein immerhin vier Jahre hielt.

Heutzutage nehmen wir diese Parade der Superlative gelassen zur Kenntnis. Viele mögen denken: »ein Zwerg im Vergleich zu den Riesen der Neuzeit …«, etwa dem Burj Khalifa mit 830 Metern Höhe oder dem Tokyo Sky Tree mit 634 Metern. Allein die Höhendifferenz der beiden Gebäude von 200 Metern ist mehr, als der Dom misst.

Doch schließen wir nur einen kurzen Moment die Augen für eine imaginäre Reise durch die Zeit. Wie sah sie aus, die Welt der Menschen des Mittelalters? Sie leben überwiegend in Dörfern, mit der Gemeindekirche als einziger Landmarke, in den Städten drängen sich die Fachwerkhäuser wie furchtsam aneinander, zwei- bis dreistöckige Gebäude prägen das Bild der mittelalterlichen Metropolen. Und dann mittendrin ragt dieses Gebirge aus Stein auf, dessen Trachyt-Fassade im Licht der Sonne hell strahlt, die Fenster größer als selbst die höchsten Wohnhäuser, eine bizarre Komposition von Streben, Türmen, Fialen, steinernen Brücken, überall Figuren, lebensecht, überdimensioniert, strenge oder entrückte Gesichter. Fast möchte man rufen, dass es für den modernen Menschen aber auch gar nichts gibt, was mit dem emotionalen Schock eines mittelalterlichen Menschen, der eine Kathedrale zum ersten Mal sieht, vergleichbar wäre. Viele werden geglaubt haben, buchstäblich vor dem Himmlischen Jerusalem zu stehen, vor einem Gebäude, das der normalen Welt entrückt ist, halb auf Erden, halb im Himmel. Man könnte Bücher über die kunsthistorischen Aspekte des Domes schreiben, aber sie alle sind nur einzelne Instrumente in einem Konzert.

Meister Gerhard hat versucht, den Eindruck eines Abbildes vom Himmel zu schaffen, und das ist ihm gelungen. Dabei ist es falsch, dass

DECKE PITTER

Acht Glocken, darunter die Petersglocke, mit 24 Tonnen die größte freischwingend geläutete Glocke der Welt.

WIE LEBTEN DIE MENSCHEN IM MITTELALTER?

Das Wohnumfeld der allermeisten Menschen war dunkel, eng, kannte weder Farben noch Schmuck wie Bilder oder farbiges Fensterglas. Ihnen muss das Innere des Domes in all seiner Pracht wie ein Abbild des Himmels erschienen sein. Bei den »Kinderspielen« von Pieter Bruegel dem Älteren, um 1560, erkennt man an der schlichten Darstellung der Häuser die nahezu karge Bauweise und Architektur seiner Zeit.

EIN DOM OHNE GERÜSTE …

ist ein Dom, um den man sich nicht kümmert. Die Kölner Dombaumeisterin Barbara Schock-Werner hat die Gerüste einmal als »Lebensadern des Domes« bezeichnet.

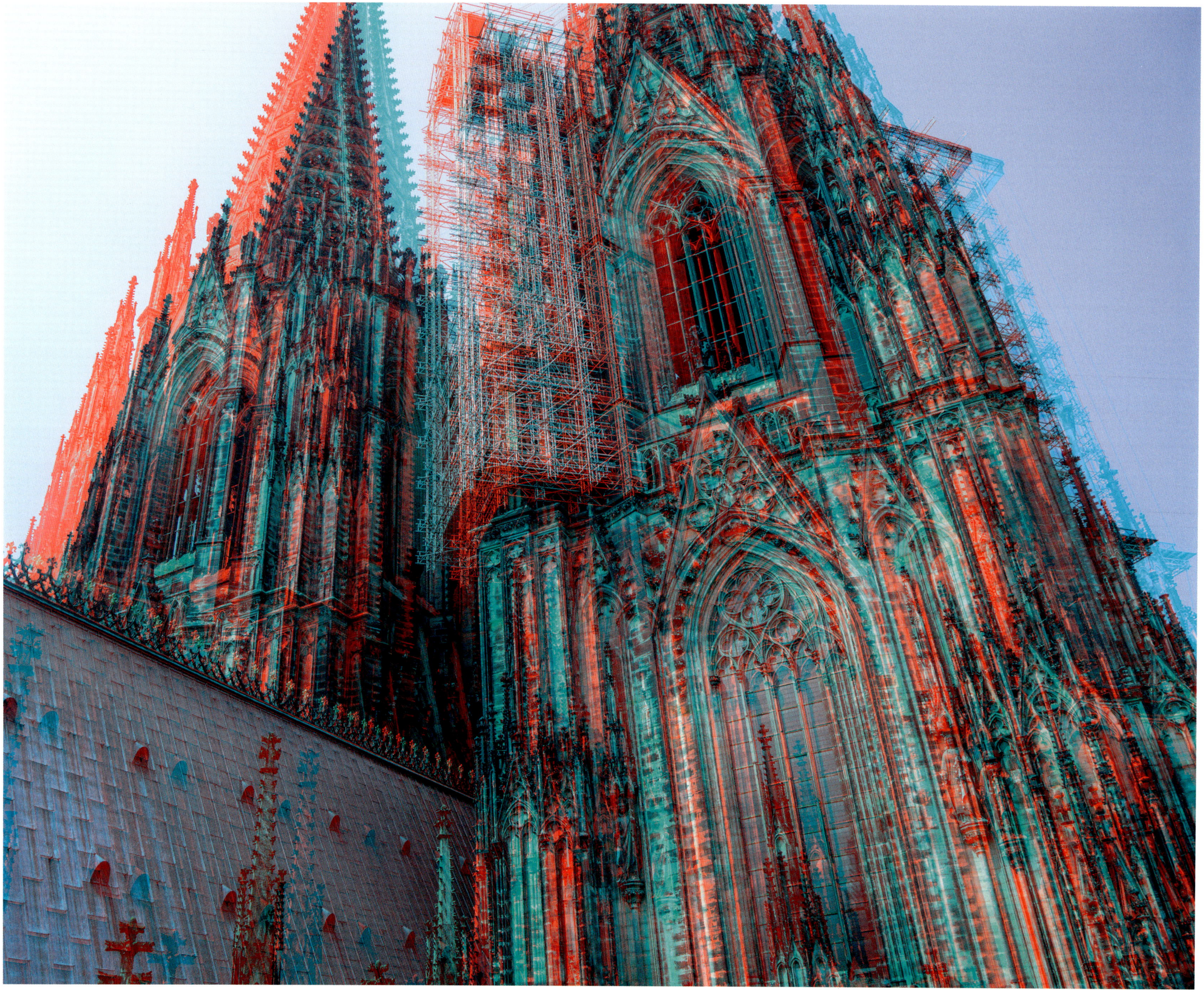

3D

wir uns heutzutage Burgen und Kirchen steingrau und dunkel vorstellen. Tatsächlich waren sie farbig, leuchteten in allen Regenbogenfarben, waren so bonbonbunt wie die Banner und Wimpel der Ritterheere. Vielleicht hatte ja auch Gerhard einen Anstrich für seinen Dom im Sinn.

Der Dom, ein Gebirge, das es zu erklimmen lohnt. Das Geläut im Südturm ist weltweit einmalig: acht Glocken, darunter die Petersglocke, mit 24 Tonnen die größte freischwingend geläutete Glocke der Welt. Die Kölner nennen sie liebevoll »Decke Pitter«. Wie dick der Pitter ist, mussten die Kölner ausgerechnet am Dreikönigstag 2011 um exakt 9:38 Uhr erfahren. Vor dem Hochamt riss der 800 Kilogramm schwere Klöppel, durchschlug zwei Holzdielen und zerstörte das Sicherungsgeländer. Die Sache ging glimpflich aus, doch die Erschütterung war so gewaltig, dass sie von der Erdbeben-Messstation der Erdbebenwarte Bensberg gemessen wurde.

WOHER STAMMEN DIE FENSTER?

Fast alle Epochen haben ihren Beitrag zum Fensterschmuck des Domes beigetragen. Die ältesten Fenster sind 700 Jahre alt, die neuesten stammen aus der Gegenwart.

Eine ewige Baustelle – oder besser: eine Baustelle der Ewigkeit. Ohne die permanente Erneuerung beschädigter oder gefährdeter Bauteile wäre der Dom in nur wenigen Generationen eine Ruine.

WIE HOCH IST DIE KREUZBLUME?

Mehr als zehn Meter hoch ist die Kreuzblume, die die Turmspitze ziert. Allein der aus einem Stück bestehende untere Blattkranz wiegt 17 Tonnen.

DAS WAREN VIELE SPANNENDE INFOS ZUR BAUGESCHICHTE: HIER EIN KLEINES ERINNERUNGS-QUIZ ZUM SCHLUSS. DIE LÖSUNG GIBT'S UNTEN AUF DER SEITE. VIEL SPASS DAMIT!

1 Der Kölner Dom hat eine beindruckende Fassade.
Sie misst 3.000 / 5.000 / 7.000 Quadratmeter

2 Was ist der »Decke Pitter«
Petersglocke / Turm / Bischof aus dem Mittelalter

3 Wie hoch sind die Türme des Kölner Domes?
120 / 157 / 175 Meter

3D

3D

Selbst als Bauruine beeindruckend: Der Kölner Dom auf einem seltenen Fotodokument aus dem 19. Jahrhundert.

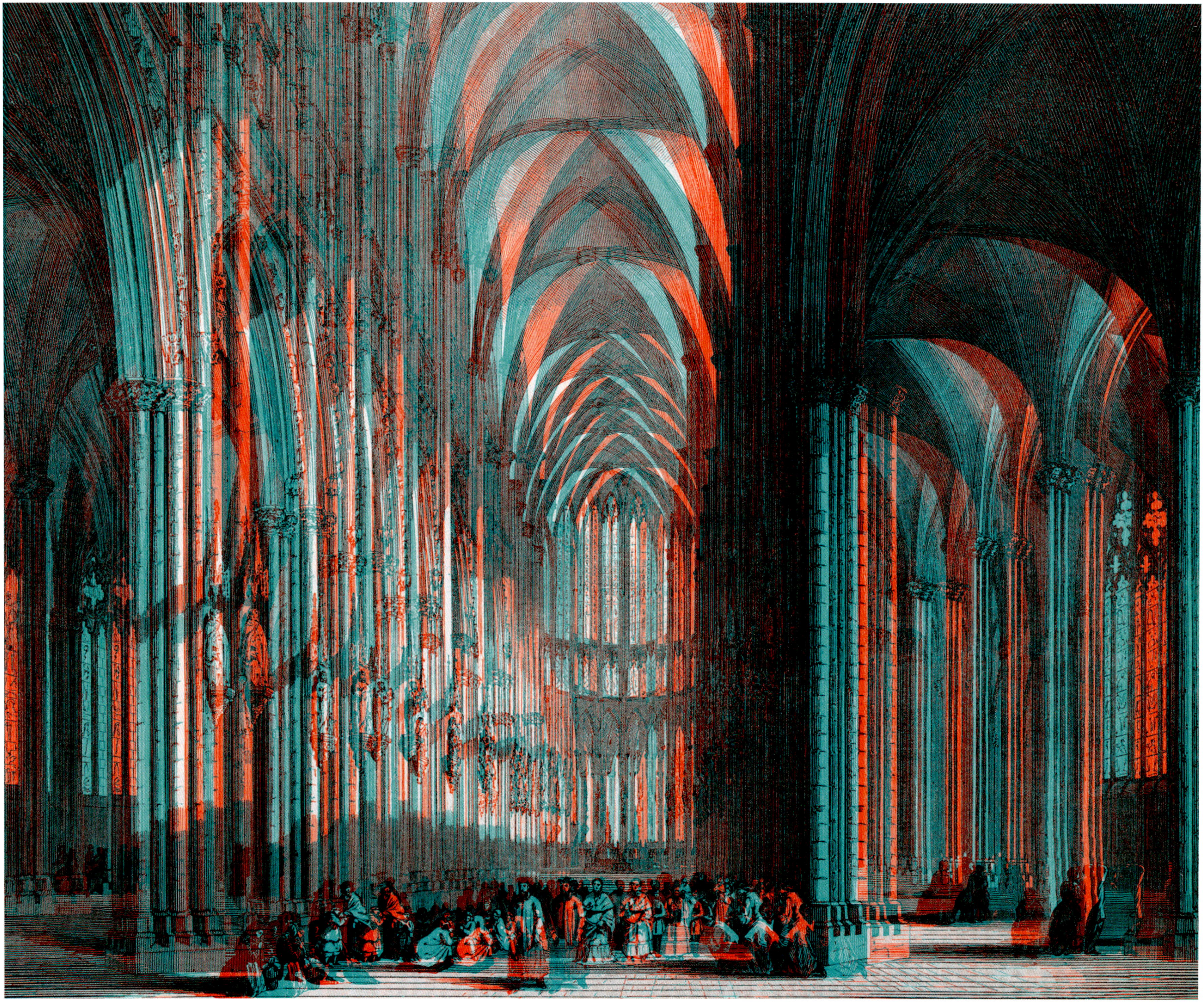

DER INNENRAUM UND DIE FENSTER

Die schnellste Art zu reisen war im Mittelalter die Pferdekutsche. Eine luxuriöse Fortbewegungsart, die nur sehr wenigen Menschen vorbehalten war. Meistens ging man zu Fuß, doch sehr weit kam man damit nicht. Der Lebensraum der erdrückenden Mehrheit der Menschen im Mittelalter ist sehr eng: eine Handvoll Dörfer im Umkreis, vielleicht eine kleine Stadt, jenseits des Horizonts ist alles terra incognita. Auch muss man sich diese Dörfer nicht vorstellen wie idyllische bayerische Ferienorte. Zumeist sind sie nicht mehr als eine Ansammlung einfacher Holzhäuser mit gedrungenen Dächern und Lehmmauern, ein, zwei Räume im ewigen Halbdunkel, die man sich oft mit den Tieren teilte. Eine ebenso karge wie farblose Umgebung, schmucklos, ohne Bilder oder gar Skulpturen. Mehr als die Hälfte aller Menschen lebte so.

3D

Ein wahrer Gigant der Gotik: Im Mittelalter kannte man keine Kirchenbänke. Ohne Stühle und Bänke wirkt das Kirchenschiff weiter und gewaltiger als in heutiger Zeit.

WIE WÜRDE EIN DOM HEUTE GEBAUT?

Moderne Stahl-Glas-Konstruktionen kommen der Idee der Gotik sehr nahe. An die Stelle schwerer massiver Mauern setzt die Gotik ein System von Streben und Pfeilern. Eine selbsttragende Konstruktion.

DAS STREBEWERK

Ein raffiniertes System der Kräfte. Die auf dem Gebäude lastenden Kräfte werden durch das äußere Strebewerk abgeleitet. Der Ehrgeiz der gotischen Baumeister bestand darin, das Strebewerk so stabil wie nötig und so schlank und filigran wie möglich zu gestalten.

Wie wird auf jene Menschen das Innere einer gotischen Kathedrale gewirkt haben? Überwältigend! Ein Stück vom Himmel, eine Symphonie von Farben in einem Raum, der – jedem menschlichen Maß entrückt – nur göttlich sein kann. Dieses erste Mal im Inneren des Domes werden sie nie vergessen. Aber ist es heute wirklich so ganz anders?

Es lohnt sich, eine halbe Stunde zu investieren, um die Menschen im Dom zu beobachten. Die »Neuen« erkennt man sofort: Spontanes Staunen, kombiniert mit dem ungläubigen Blick gen das Gewölbe dieser unbestritten eindrucksvollsten aller gotischen Kathedralen. Die Distanz vom Boden bis zum Schlussstein beträgt 43 Meter, damit ist das Kirchenschiff höher als ein zehnstöckiges Wohnhaus, dennoch wirkt die Konstruktion leicht, elegant und lichtdurchflutet. 144 Meter lang, 86 Meter breit: Der Grundfläche von 12.000 Quadratmetern stehen 10.000 Quadratmeter Fensterfläche gegenüber.

Von der Kathedrale von Chartres hieß es einmal mit freundlichem Spott, sie sei ein »Gerüst für die vielen Fenster«. Das trifft in sehr viel stärkerem Masse auch auf den Dom zu. Das System von Pfeilern, Streben und Kreuzrippen im Inneren des Bauwerkes in Verbindung mit dem Strebewerk außerhalb seiner Mauern ist quasi selbsttragend. In der Romanik ließen meterdicke Mauern die Kirchen wie Burgen Gottes erscheinen, doch die Kathedralen der Gotik brauchen keine Mauern, haben Platz für haushohe Fensterflächen. Alles ist größer, höher und doch bei aller Kolossalität von faszinierender Leichtigkeit. Die Gotik lebt vom Licht, von der Transparenz und dem Zauber farbigen Glases. Schon die Römer kannten es, doch erst die Glaser der Gotik verfügten über die Technik, unterschiedlich gefärbte Gläser zu riesigen Kompositionen zu verbinden. Im Grunde genommen sind gotische Fenster wie Mosaike, in denen Scheibchen und Scheiben durch schmale Bleistege verbunden sind. Die Beherrschung dieser Technik war die Grundbedingung für die Schaffung der gewaltigen Bildfenster der Gotik.

➔ Fenster statt Mauern: Mauern haben für die Bauwerke der Gotik keine tragende Bedeutung. An ihre Stelle treten haushohe Fenster.

3D

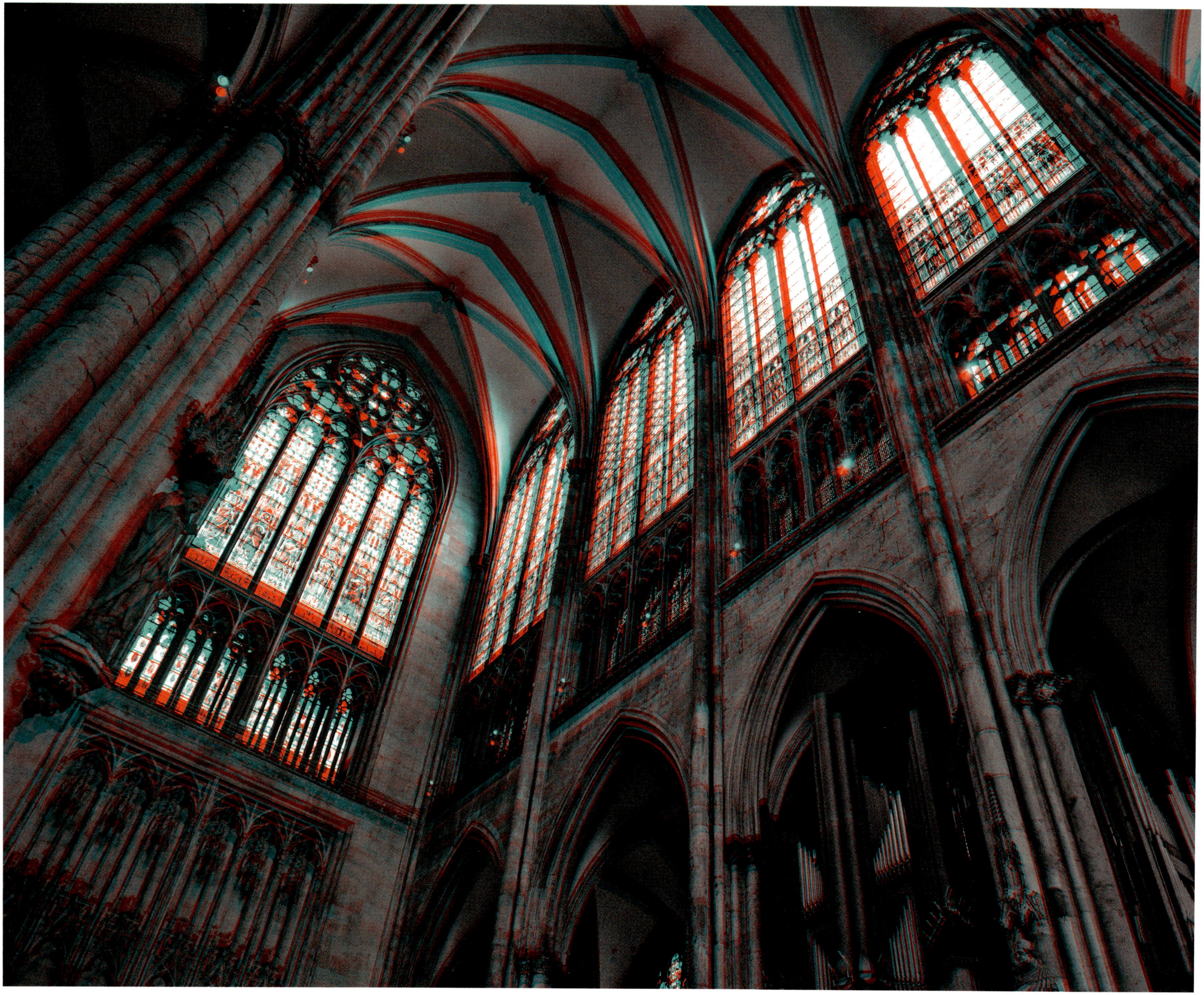

Ihre Farbrezepturen hüteten die mittelalterlichen Glasmeister wie einen großen Schatz. Die Kathedrale von Chartres beispielsweise hat eine eigene Farbe. Man nennt es Chartres-Blau nach dem Blau des berühmten Marienfensters in diesem legendären Gotteshaus. Das Rezept für den Blauton ging im Laufe der Jahrhunderte verloren. Heute weiß man, dass dieser Farbton durch die Zugabe von Kobalt erzielt wird.

Auch die Fenster einer Kathedrale unterliegen einer Rangordnung. Sie richtet sich nach der Position, nach der Lage eines Fensters innerhalb des Kirchenraumes. Im Osten liegt der Chor, das Allerheiligste, das spirituelle Zentrum. Und im östlichsten Teil des Kölner Domes, dort wo das erste Tageslicht farbige Schatten in das Chorgewölbe wirft, befindet sich das zweibahnige Bibelfenster. Schneidet man den Kölner Dom von Osten nach Westen in zwei Hälften, dann liegt dieses Fenster auf der östlichen Spitze dieser Spiegelachse, in der Dreikönigenkapelle direkt gegenüber dem Schrein der Heiligen Drei Könige. Das Bibelfenster ist somit das ranghöchste unter allen Fenstern des Domes. Es wurde 1260 vollendet, noch zu Lebzeiten von Meister Gerhard, und sicherlich kannte er jedes Detail dieses gläsernen Kunstwerkes, möglicherweise war er sogar an seiner Gestaltung beteiligt. Der Dom ist kein Museum, auch wenn viele »Traditionsbewusste« das gern so hätten. Nur nichts verändern, alles soll bleiben, wie es ist. Das von dem Kölner Künstler Gerhard Richter entworfene Südquerhausfenster ist alles andere als traditionell. Richters Fenster ist keine historisierende Kopie, sondern ein völlig eigenständiges Kunstwerk. Auf einer Fensterfläche von 113 Quadratmetern verteilen sich über 11.000 Farbquadrate in 72 unterschiedlichen Farben und Farbtönen.

Im Sommersonnenlicht möchte man schwören, dass Graffiti-Künstler das Seitenschiff mit farbiger Kreide bemalt haben, so intensiv ist die Farbwirkung dieses modernen Fensters. So andersartig das Richter-Fenster im Konzert der gotischen Glaskunst auch sein mag, es ist ein Instrument, auf dem das Sonnenlicht sein Spiel der Farben spielt.

Lichte Höhe: Lichtdurchflutet, himmelwärts strebend – die gotischen Baumeister wollten ein Abbild des Himmels schaffen. Die Kirche als ein Stück vom Himmel.

LICHTMALEREIEN

Farbiges Glas gehört zu den wichtigsten Errungenschaften der gotischen Kathedralen. Die Rezepturen der Glaser waren ein streng gehütetes Geheimnis.

DAS WAREN VIELE SPANNENDE INFOS ZUR BAUGESCHICHTE: HIER EIN KLEINES ERINNERUNGS-QUIZ ZUM SCHLUSS. DIE LÖSUNG GIBT'S UNTEN AUF DER SEITE. VIEL SPASS DAMIT!

1 Wie lang ist der Dom?
80 / 120 / 144 Meter

2 Wodurch entsteht das Chartres-Blau?
Indigo / Kobalt / Ultramarin

3 Wer hat das Südquerhausfenster entworfen?
Meister Gerhard / Sigmar Polke / Gerhard Richter

DANKSAGUNG

Der Autor dankt seiner Frau Petra.
Der Verlag und der Autor danken der Dombauhütte Köln, insbesondere Matthias Deml, für die vielseitige Zusammenarbeit.

Martin Papirowski wurde 1960 in Dortmund geboren. Nach dem Abitur studierte er Publizistik und Kommunikationswissenschaften. In den Jahren danach entwickelte er sich zu einem führenden Filmproduzenten im kulturellen Bereich. Unter seiner Ägide entstanden mehr als 100 Dokumentationen und Spielfilme, unter anderem ein preisgekrönter Film über den Kölner Dom. Heute lebt Martin Papirowski in Dortmund und Bukarest.

IMPRESSUM

Bibliografische Information der Deutschen Nationalbibliothek
Die Deutsche Bibliothek verzeichnet diese Publikation in der Deutschen Nationalbibliografie; detaillierte bibliografische Daten sind im Internet über http://dnb.d-nb.de abrufbar.

FSC www.fsc.org MIX Papier aus verantwortungsvollen Quellen FSC® C010135

Buchkonzept: TIZIAN BOOKS
Gestaltung: Anzinger | Wüschner | Rasp, München, Miriam Bloching, Martin Denker
3D-Grafik: Maria Valentir, Timm Westen
Bildredaktion: Martin Papirowski, www.peterfeierabend.de
Anzinger | Wüschner | Rasp, München
Herstellung: www.peterfeierabend.de
Printed in Europe
ISBN 978-3-95451-205-8
Originalausgabe

Alle Abbildungen:
Claudio Oliviero, Roxanna Ardelean, Maria Valentir, Timm Westen, Archiv Martin Papirowski; außer: S. 7, S. 28 r. Dombauarchiv Köln/Matz und Schenk; S. 8 u., S. 19 u. r., S. 31 o. m. © Raimond Spekking CC-BY-SA-3.0/Wikimedia Commons; S. 11 Spiridon MANOLIU/Wikimedia Commons; S. 18 u. l. AKG Images; S. 20 u. r. Ricardo Liberato/Wikimedia Commons; S. 23 l. www.ibiblio.org/Wikimedia Commons (Pieter Aertsen, Der Eiertanz 1552); S. 23 o. Collin de Plancy/Wikimedia Commons; S. 28 m. Hao Wei/Wikimedia Commons; S. 31 r. Fredverillo/Wikimedia Commons; S. 32 Benh LIEU SONG/Wikimedia Commons; S. 33 o. l. Jotquadrat/Wikimedia Commons; S. 40 o. Thierry de Villepin/Wikimedia Commons; S. 40 u. r. Andreas Praefcke/Wikimedia Commons; S. 40 u. l. vier Bilder, Dombauhütte Köln/Matz und Schenk; S. 41 l. Tom Bayer/Fotolia; S. 44 Michael Frankenstein/Wikimedia Commons; S. 50 magicpen/Pixelio; S. 51 l. o., l. u. (Ausschnitt) Yelkrokoyade/Wikimedia Commons (Pieter Bruegel der Ältere, Die Kinderspiele um 1560); S. 53 l. WDWensky/Wikimedia Commons; S. 63 o., m. Jan van der Crabben/Wikimedia Commons.

Der Herausgeber dankt allen Beiträgern, die ihre Fotos zur Verfügung gestellt haben. Im unwahrscheinlichen Fall, dass ein Copyright falsch zugeordnet ist oder fehlt, bittet der Herausgeber die Rechteinhaber darum, berechtigte Forderungen zu melden.